Innovatives Marketing

Über den Autor:

Über Gregory Dalton (Pseudonym) weiß man wenig. Man vermutet, dass er 1975 in Austin, Texas, geboren wurde und ein führender IT-Experte und Sachbuchautor ist. Er soll am MIT und in Stanford studiert und danach in Silicon Valley gearbeitet haben, bevor er sich dem Schreiben zuwandte. Es heißt, sein erstes Buch, "Systems Thinking for the Digital Age", sei ein Bestseller gewesen. Dalton ist auch ein beliebter Redner. Er lebt wohl in San Francisco, berät Technologieunternehmen und fördert STEM-Bildung (auf Englisch: Science, Technology, Engineering, Mathematics). Dalton ist bekannt für seine Fähigkeit, komplexe Themen verständlich zu machen.

Über das Buch:

Erleben Sie die Zukunft des Marketings mit unserem umfassenden Leitfaden zu innovativem und datenschutzkonformem Permission Marketing! Dieses Buch enthüllt die Geheimnisse erfolgreicher Kundeneinwilligungsstrategien, kombiniert mit modernster Technologie wie Künstlicher Intelligenz und maschinellem Lernen. Erfahren Sie, wie Sie die Einwilligung Ihrer Kunden rechtssicher einholen, effektiv verwalten und als Wettbewerbsvorteil nutzen können. Mit praxisnahen Fallstudien, strategischen Empfehlungen und einem klaren Fokus auf die Einhaltung globaler Datenschutzgesetze bietet dieses Buch unverzichtbares Wissen für Marketingfachleute, die in einer datengesteuerten Welt erfolgreich sein wollen. Machen Sie Datenschutz zu Ihrem Erfolgsgaranten!

Innovatives Marketing

und Datenschutzkonformität mit TOLERANT MPM

Von
Gregory Dalton

TOLERANT Software

TOLERANT Software Fachbuch Bd. 7

Druck und Distribution im Auftrag des Autors/der Autorin:

tredition GmbH, Halenreie 40-44, 22359 Hamburg, Deutschland

Softcover ISBN 978-3-384-23252-6

Inhaltsverzeichnis

Kapitel 1. Einführung in das Permission Marketing

Stellen Sie sich vor, Sie sind bei einem geschäftigen Straßenfest. Die Musik spielt, die Stände sind bunt dekoriert, und die Menschenmenge wogt hin und her. Überall werden Proben angeboten, doch an jedem Stand muss man zuerst zustimmen, bevor man etwas probieren darf. Sie gehen zu einem Stand, der mit leuchtenden Buchstaben „Die Zukunft des Marketings" überschrieben ist. Der Standbetreiber, ein charmanter junger Mann mit einem breiten Lächeln, reicht Ihnen ein Tablet. „Möchten Sie unsere neueste Schokoladensorte probieren?", fragt er. Sie nicken, aber statt Ihnen direkt eine Probe zu geben, zeigt er auf das Tablet. „Bitte tippen Sie hier, um zuzustimmen, dass wir Ihnen heute und in Zukunft Informationen zu unseren Produkten schicken dürfen."

Sie zögern einen Moment, beeindruckt von der Direktheit des Vorgehens. Der junge Mann erklärt: „Wir leben in einer Zeit, in der die Zustimmung der Kunden das A und O im Marketing ist. Keine Sorge, Ihre Daten sind bei uns sicher, und Sie können Ihre Einwilligung jederzeit widerrufen."

Begeistert von der Transparenz und der Professionalität, mit der Ihre Zustimmung eingeholt wird, tippen Sie auf „Zustimmen". Sekunden später halten Sie ein Stück der exquisiten neuen Schokolade in der Hand. Während Sie die süße Köstlichkeit genießen, denken Sie darüber nach, wie dieses einfache Erlebnis das Wesen des Permission Marketings widerspiegelt: die Macht liegt beim Kunden, die Zustimmung ist freiwillig und klar definiert, und die Beziehung beginnt auf einer Basis des gegenseitigen Vertrauens.

Dies ist das neue Zeitalter des Marketings – eine Ära, in der die Kundenbindung durch Respekt und Transparenz geprägt ist, was nicht nur die Effektivität der Marketingbemühungen steigert, sondern auch eine tiefere Verbindung zwischen Unternehmen und Konsument schafft.

1.1 Definition des Permission Marketings

Permission Marketing, ein Begriff geprägt von Seth Godin, revolutioniert die Art und Weise, wie Unternehmen mit ihren Kunden kommunizieren. Es basiert auf einer einfachen, jedoch tiefgreifenden Idee: Werbung soll nicht länger eine Unterbrechung oder eine unerwünschte Störung sein, sondern eine willkommene Nachricht für den Empfänger. Die Zustimmung des Kunden wird dabei nicht nur als höfliche Formalität, sondern als zentrales Element der Marketingstrategie angesehen.

Im Kern des Permission Marketings steht die Erlaubnis, die ein Unternehmen von einem potenziellen Kunden erhält, bevor es ihm Marketingmaterial sendet. Diese Erlaubnis muss spezifisch, informiert und freiwillig sein. Spezifisch bedeutet, dass klar sein muss, zu welchem Zweck die Zustimmung gegeben wird. Informiert bedeutet, dass der Kunde genau verstehen muss, worauf er sich einlässt. Und freiwillig bedeutet, dass keine versteckten Tricks oder Druckmittel verwendet werden dürfen, um die Zustimmung zu erlangen.

Diese Marketingform grenzt sich deutlich von anderen Methoden wie dem traditionellen "Interruption Marketing" ab, bei dem Werbebotschaften ohne vorherige Zustimmung des Empfängers gesendet werden. Bei diesem herkömmlichen Ansatz werden Werbeunterbrechungen in Fernsehsendungen, auf Plakaten oder in Online-Bannern platziert, in der Hoffnung, dass eine große Zahl von

Menschen die Botschaft sieht und darauf reagiert. Diese Methode wird zunehmend als ineffektiv empfunden, da sie oft als störend wahrgenommen wird und eine geringe Umwandlungsrate von Aufmerksamkeit in Kaufinteresse aufweist.

Im Gegensatz dazu baut das Permission Marketing auf einer Beziehung auf, die auf Vertrauen und fortlaufender Zustimmung basiert. Die Interaktion beginnt mit einer einfachen Anfrage: Darf ich? Diese Frage transformiert das traditionelle Verhältnis zwischen Käufer und Verkäufer. Statt potenzielle Kunden zu überrumpeln, werden sie respektvoll eingeladen, Teil einer fortlaufenden Kommunikation zu werden. Dieser Ansatz fördert nicht nur die Kundenbindung, sondern erhöht auch die Relevanz der gesendeten Nachrichten, da diese von den Empfängern tatsächlich gewünscht sind.

Zusammenfassend lässt sich sagen, dass Permission Marketing eine respektvolle und effektive Form des Marketings darstellt, die in der modernen Geschäftswelt zunehmend an Bedeutung gewinnt. Es steht im Einklang mit den aktuellen Datenschutzbestimmungen wie der EU-Datenschutzgrundverordnung (DSGVO), die die Rechte der Individuen stärken und den Unternehmen klare Rahmenbedingungen für den Umgang mit personenbezogenen Daten aufzeigen. Durch die freiwillige und bewusste Zustimmung der Kunden schafft es eine Win-Win-Situation: Kunden erhalten Angebote, die sie wirklich interessieren, und Unternehmen erreichen eine höhere Effektivität ihrer Marketingmaßnahmen.

1.2 Notwendigkeit der Einwilligung im digitalen Zeitalter

In der digitalen Ära, in der Daten als das neue Gold gelten, wird die Einwilligung der Nutzer zu einem entscheidenden Faktor für den

Unternehmenserfolg. Der bewusste Umgang mit personenbezogenen Daten, respektiert nicht nur die Privatsphäre der Nutzer, sondern bietet Unternehmen auch die Möglichkeit, sich positiv von ihren Wettbewerbern abzuheben. Datenschutz wird somit zu einem nicht zu unterschätzenden Wettbewerbsvorteil.

Unternehmen, die transparent kommunizieren, wie und warum sie Kundendaten sammeln und verwenden, schaffen eine Vertrauensbasis. In einer Zeit, in der Verbraucher zunehmend besorgt über die Sicherheit und Verwendung ihrer Daten sind, kann Transparenz zum entscheidenden Faktor für die Kundenbindung werden. Die Einwilligung wird damit zur Eintrittskarte in eine Beziehung, die auf gegenseitigem Verständnis und Respekt beruht.

Die Notwendigkeit der Einwilligung wird insbesondere durch die stetig wachsende Sensibilität der Öffentlichkeit für Datenschutzthemen unterstrichen. Skandale um Datenmissbrauch und -lecks haben das Bewusstsein geschärft und die Erwartungen an die datenschutzrechtliche Compliance erhöht. Unternehmen, die diese Bedenken ernst nehmen und proaktiv adressieren, positionieren sich als vertrauenswürdige Partner.

Darüber hinaus hat die rechtliche Landschaft, insbesondere durch die Einführung der EU-Datenschutzgrundverordnung (DSGVO), die Anforderungen an die Einwilligung verschärft. Die DSGVO verlangt, dass die Zustimmung klar und deutlich eingeholt wird. Sie muss spezifisch, informiert und freiwillig sein, wobei der Nutzer das Recht hat, seine Einwilligung jederzeit zu widerrufen. Dies verstärkt die Notwendigkeit für Unternehmen, ihre Einwilligungsprozesse sorgfältig zu gestalten und zu verwalten.

Ein Unternehmen, das die Einwilligung als Teil seines Ethos betrachtet und Datenschutz als Kern seiner Kundenbeziehung pflegt, gewinnt nicht nur an Glaubwürdigkeit, sondern auch an Loyalität.

Kunden schätzen es, wenn ihre Daten nicht nur als Mittel zum Zweck, sondern als wertvolles Gut behandelt werden, dessen Schutz oberste Priorität hat.

Schließlich bietet die Einwilligung im digitalen Zeitalter auch eine Gelegenheit zur Differenzierung im Markt. In einer Welt, in der Kunden zunehmend Auswahlmöglichkeiten haben und sich leicht von einem Anbieter zum nächsten bewegen können, wird die Achtung ihrer Privatsphäre zu einem entscheidenden Faktor. Unternehmen, die diesen Aspekt in den Mittelpunkt ihrer Marketingstrategien stellen, werden nicht nur als verantwortungsbewusst wahrgenommen, sondern auch als Pioniere einer neuen Ära des vertrauensbasierten Marketings.

Kapitel 2. Technische Realisierung mit TOLERANT MPM

In der lebhaften Welt der Technologie, wo Innovationen im Minutentakt zu sprudeln scheinen, gibt es eine unscheinbare, doch mächtige Kraft im Hintergrund, die die Regeln des Spiels neu definiert: TOLERANT MPM. Stellen Sie sich ein mittelgroßes Tech-Unternehmen vor, das gerade dabei ist, seine neueste Marketingkampagne zu planen. Der Marketingleiter, Herr Berger, ist bekannt für seine scharfsinnigen Strategien und seinen Drang nach Effizienz. Doch dieses Mal steht er vor einer besonderen Herausforderung.

Das Unternehmen hat kürzlich beschlossen, seine Marketingbemühungen zu intensivieren, indem es personalisierte Angebote basierend auf dem Kaufverhalten und den Vorlieben seiner Kunden erstellt. Um dies zu erreichen, benötigen sie jedoch die explizite Zustimmung jedes einzelnen Kunden – ein Prozess, der ohne die richtige Technologie eine bürokratische Albtraum wäre.

Hier kommt TOLERANT MPM ins Spiel. Herr Berger hat dieses Tool entdeckt, das verspricht, den Einwilligungsprozess nicht nur zu vereinfachen, sondern ihn auch nahtlos und sicher zu gestalten. Überzeugt von dessen Potenzial, beschließt er, es als Kernstück der neuen Kampagne einzusetzen.

Der entscheidende Moment tritt ein, als das Unternehmen eine große Produkteinführung plant. Die Einladungen sind bereit zum Versand, aber es gibt einen Haken: Ohne die Einwilligung der Kunden dürfen sie keine personalisierten E-Mails versenden. In einer kurzfristig anberaumten Sitzung mit dem IT-Team implementiert Herr Berger TOLERANT MPM. Die Software wird in die bestehende

CRM- und Marketingautomatisierungsplattform integriert, und binnen weniger Stunden ist das System einsatzbereit.

Am Tag der Produkteinführung sitzt Herr Berger angespannt vor seinem Computer. Mit einem Klick aktiviert er die Kampagne. Dank TOLERANT MPM beginnt das System sofort, Einwilligungen einzuholen. Jeder Klick eines Kunden, jede Zustimmung wird sicher erfasst und dokumentiert. Innerhalb der ersten Stunde haben tausende von Kunden ihre Zustimmung gegeben, und die personalisierten E-Mails fliegen aus dem digitalen Nest.

Das Ergebnis? Eine überwältigende Resonanz auf die Produktlaunch-Kampagne, gestützt auf die zuverlässige und effiziente technische Umsetzung durch TOLERANT MPM. Die Kunden fühlen sich respektiert und gut informiert, und das Unternehmen erlebt einen noch nie dagewesenen Anstieg der Kundenbindung und -zufriedenheit.

Herr Berger lehnt sich in seinem Bürostuhl zurück, ein zufriedenes Lächeln auf den Lippen. Mit TOLERANT MPM hat er nicht nur eine technische Lösung implementiert, sondern auch das Vertrauen seiner Kunden gewonnen und die Tür für eine neue Ära des Permission Marketings aufgestoßen.

2.1 Architektur und Integration von TOLERANT MPM

Die Architektur und Integration von TOLERANT MPM in die bestehende IT-Landschaft eines Unternehmens sind entscheidend für den erfolgreichen Einsatz des Tools. TOLERANT MPM ist so konzipiert, dass es sich nahtlos in bestehende Systeme integrieren lässt und dabei robust genug ist, um den Anforderungen moderner Marketingstrategien gerecht zu werden. Die folgende Ausführung behandelt die Systemanforderungen und den Einrichtungsprozess dieses innovativen Tools.

Systemanforderungen

TOLERANT MPM ist auf Flexibilität und Skalierbarkeit ausgelegt und kann in verschiedensten Unternehmensumgebungen eingesetzt werden. Die grundlegenden Systemanforderungen sind:

1. **Betriebssystem**: TOLERANT MPM ist kompatibel mit den gängigen Betriebssystemen wie Linux, Windows Server und Solaris. Dies bietet Unternehmen die Flexibilität, die Software auf der bevorzugten Plattform zu betreiben.

2. **Server-Anforderungen**: Ein Multi-Core-Server mit 64-Bit-Architektur wird empfohlen, um die optimale Leistung sicherzustellen. Dies ist besonders wichtig, da TOLERANT MPM große Datenmengen verarbeiten muss, insbesondere bei Unternehmen mit umfangreichen Kundenlisten.

3. **Speicher**: Mindestens 4 GB RAM sind erforderlich, mit zusätzlichem Speicher empfohlen für Unternehmen, die große Datenmengen verarbeiten. Der Festplattenspeicher sollte mindestens 10 GB betragen, um genügend Raum für die Datenbank und die Log-Dateien zu haben.

4. **Netzwerkanforderungen**: Eine zuverlässige und schnelle Internetverbindung ist für die Aktualisierung der Daten und die Integration mit Online-Diensten erforderlich.

5. **Sicherheit**: Angemessene Sicherheitsmaßnahmen müssen implementiert werden, um die Datenintegrität und den Schutz der Kundendaten zu gewährleisten. Dazu gehören Firewall-Konfigurationen und regelmäßige Sicherheitsaudits.

Einrichtungsprozess

Der Einrichtungsprozess von TOLERANT MPM ist darauf ausgelegt, so einfach und effizient wie möglich zu sein:

1. **Installation**: Die Software kann entweder direkt auf einem physischen Server oder innerhalb einer virtuellen Maschine installiert werden. Die Installation umfasst die Einrichtung der Datenbank und die Konfiguration der Software selbst.

2. **Integration**: TOLERANT MPM bietet flexible Integrationsmöglichkeiten durch APIs, die es ermöglichen, das System mit vorhandenen CRM- und ERP-Systemen sowie anderen Marketing-Tools zu verbinden. Diese Integration ist entscheidend, um eine nahtlose Datenübertragung und Funktionalität über verschiedene Plattformen hinweg zu ermöglichen.

3. **Konfiguration**: Nach der Installation müssen spezifische Einstellungen vorgenommen werden, die auf die Bedürfnisse des Unternehmens zugeschnitten sind. Dazu gehört die Konfiguration der Einwilligungsmanagement-Protokolle, die Festlegung von Benutzerrollen und Zugriffsrechten sowie die Anpassung der Kommunikationseinstellungen.

4. **Testlauf**: Bevor das System vollständig live geht, wird ein Testlauf empfohlen, um sicherzustellen, dass alle Komponenten korrekt funktionieren und die Integrationen reibungslos verlaufen.

5. **Schulung und Rollout**: Die Endbenutzer und Administratoren müssen in der Handhabung von TOLERANT MPM geschult werden. Anschließend erfolgt der Rollout im gesamten Unternehmen.

Durch die Befolgung dieser Schritte kann TOLERANT MPM effektiv implementiert werden, was Unternehmen ermöglicht, ihre Marketingbemühungen zu optimieren und gleichzeitig die Compliance mit den Datenschutzvorschriften zu gewährleisten. Die technische Realisierung von TOLERANT MPM bietet somit eine solide Grundlage für zukunftsorientierte Marketingstrategien.

2.2 Funktionen von TOLERANT MPM

TOLERANT Marketing Permission Management (MPM) ist ein umfassendes Werkzeug, das speziell entwickelt wurde, um Unternehmen bei der Verwaltung und Einhaltung von Datenschutzvorschriften im Bereich des Permission Marketings zu unterstützen. Zu den Kernfunktionen des Systems gehören die Verwaltung von Kundeneinwilligungen sowie fortgeschrittene Reporting- und Analysefunktionen, die es Unternehmen ermöglichen, ihre Marketingstrategien effizient und konform mit der Datenschutz-Grundverordnung (DSGVO) umzusetzen.

Verwaltung von Kundeneinwilligungen

Die Verwaltung von Kundeneinwilligungen ist eine der Hauptfunktionen von TOLERANT MPM. Dieses System ermöglicht es Unternehmen, die Einwilligung ihrer Kunden auf eine transparente und rechtlich abgesicherte Weise zu erfassen, zu speichern und zu verwalten. Hier sind einige spezifische Merkmale dieser Funktion:

- **Erfassung und Speicherung von Einwilligungen**: TOLERANT MPM bietet die Möglichkeit, Einwilligungen digital zu erfassen und in einer zentralen Datenbank zu speichern. Dies umfasst alle relevanten Informationen, wie den Zeitpunkt der Einwilligung, den genauen Inhalt, auf den sich die Einwilligung bezieht, und etwaige spätere Änderungen oder Widerrufe.

- **Widerrufsmanagement**: Das System ermöglicht es Kunden, ihre Einwilligung jederzeit einfach zu widerrufen. Es aktualisiert die Datenbank automatisch, um sicherzustellen, dass keine weiteren Datenverarbeitungen auf Grundlage einer widerrufenen Einwilligung erfolgen.

- **Anpassung an rechtliche Änderungen**: TOLERANT MPM kann flexibel angepasst werden, um Änderungen in der Gesetzgebung oder in den Datenschutzrichtlinien eines Unternehmens Rechnung zu tragen. Dies stellt sicher, dass die Einwilligungsverwaltung stets den aktuellen rechtlichen Anforderungen entspricht.

Reporting und Analysefunktionen

Die Fähigkeit, Daten effektiv zu analysieren und zu berichten, ist entscheidend für die Optimierung von Marketingkampagnen und die Einhaltung gesetzlicher Vorgaben. TOLERANT MPM bietet leistungsstarke Tools für Reporting und Analyse, die detaillierte Einblicke in die Datenverarbeitungsaktivitäten ermöglichen:

- **Überwachung der Einwilligungsrate**: Das System bietet Berichte, die zeigen, wie viele Kunden ihre Einwilligung für verschiedene Marketingaktivitäten gegeben haben. Dies hilft Unternehmen zu verstehen, welche Strategien am effektivsten sind und wo Anpassungen nötig sein könnten.

- **Analyse der Widerrufstrends**: TOLERANT MPM kann Trends bei den Widerrufen analysieren und Berichte erstellen, die Aufschluss darüber geben, wann und warum Kunden ihre Einwilligung widerrufen. Diese Informationen sind wertvoll, um die Ursachen für Kundenunzufriedenheit zu identifizieren und entsprechende Korrekturen vorzunehmen.

- **Compliance-Reporting**: Das System stellt sicher, dass Unternehmen jederzeit nachweisen können, dass sie die rechtlichen Vorgaben einhalten. Es generiert automatische Reports, die für interne Audits oder Prüfungen durch Aufsichtsbehörden verwendet werden können.

Die Kombination dieser Funktionen macht TOLERANT MPM zu einem wertvollen Tool für Unternehmen, die ihre Marketingstrategien nicht nur effektiver gestalten, sondern auch sicherstellen wollen, dass diese im Einklang mit den Datenschutzgesetzen stehen. Durch die Verwendung von TOLERANT MPM können Unternehmen das Risiko von Datenschutzverletzungen minimieren und das Vertrauen ihrer Kunden in ihre Marke stärken.

Kapitel 3: Rechtliche Grundlagen

Am ruhigen Morgen eines kleinen Küstenstädtchens, als die ersten Sonnenstrahlen die Wellen küssten, stieß ein ambitionierter junger Café-Besitzer, Felix, auf eine entscheidende Entdeckung, die sein Geschäft auf ein neues Level heben könnte. In den frühen Stunden, noch bevor die ersten Gäste sein Café betraten, durchstöberte Felix die neuesten Nachrichten und stieß auf einen Artikel über die neuesten Änderungen der EU-Datenschutzgrundverordnung (DSGVO). Mit einer Tasse Kaffee in der Hand und dem Rauschen der Wellen im Hintergrund, begann er, über die enormen Möglichkeiten nachzudenken, die sich ihm durch die Einhaltung dieser neuen Regelungen bieten könnten.

Sein Café, bekannt für seine innovative und kundenorientierte Herangehensweise, hatte bereits eine treue Stammkundschaft. Aber Felix wusste, dass die Einhaltung der neuen Datenschutzgesetze nicht nur eine rechtliche Notwendigkeit war, sondern auch eine Chance, das Vertrauen seiner Kunden weiter zu stärken. Er stellte sich vor, wie sein Café zum Vorreiter in Sachen Datenschutz werden könnte, einem Thema, das viele seiner Gäste bereits am Herzen lag.

Inspiration getankt, beschloss Felix, eine Informationskampagne zu starten. Er plante, seine Kunden nicht nur über ihre Rechte aufzuklären, sondern sie auch aktiv in die sicheren und transparenten Prozesse einzubeziehen, die er in seinem Café implementieren würde. Voller Enthusiasmus entwickelte er das Konzept für eine „Datenschutz-Woche", während der Kunden an Workshops teilnehmen und lernen könnten, wie ihre Daten geschützt und sicher gehandhabt werden.

Das Event wurde mit Spannung erwartet und fand großen Anklang. Die Gäste schätzten Felix' proaktiven Ansatz und sein Engagement für ihre Privatsphäre. Die lokale Presse sprang auf und bald war das Café in aller Munde – nicht nur wegen des hervorragenden Kaffees, sondern auch als Beispiel dafür, wie kleine Unternehmen die DSGVO zu ihrem Vorteil nutzen können.

Diese Geschichte zeigt, wie das Einhalten von Datenschutzgesetzen nicht nur eine Herausforderung, sondern auch eine Gelegenheit sein kann, das Kundenvertrauen zu stärken und sich von der Konkurrenz abzuheben. Felix und sein Café wurden so zu einem leuchtenden Beispiel dafür, wie rechtliche Grundlagen kreativ genutzt werden können, um sowohl das Geschäft zu fördern als auch die Kundenbindung zu vertiefen.

3.1 Grundlagen der DSGVO

3.1.1 Einführung in die DSGVO

Die Datenschutz-Grundverordnung (DSGVO), die am 25. Mai 2018 in Kraft trat, markiert einen signifikanten Wendepunkt in der Art und Weise, wie personenbezogene Daten innerhalb der Europäischen Union gehandhabt werden müssen. Sie ersetzt die zuvor geltende Datenschutzrichtlinie von 1995 und bringt eine umfassende Reform des Datenschutzrechts in der EU mit sich. Ihr Geltungsbereich erstreckt sich nicht nur auf Unternehmen, die ihren Sitz in der EU haben, sondern auf alle Unternehmen weltweit, die Dienstleistungen anbieten oder Daten von EU-Bürgern verarbeiten.

Zielsetzungen der DSGVO

Die Hauptzielsetzung der DSGVO ist der Schutz natürlicher Personen in Bezug auf die Verarbeitung personenbezogener Daten und den freien Datenverkehr. Sie zielt darauf ab, die Kontrolle der Individuen über ihre persönlichen Daten zu stärken und gleichzeitig das regulatorische Umfeld für internationale Geschäfte zu vereinheitlichen, indem sie die Vorschriften innerhalb der EU standardisiert. Durch die Stärkung der Datenschutzrechte der Einzelpersonen und die Erhöhung der Pflichten für datenverarbeitende Stellen soll ein hohes Datenschutzniveau in der gesamten Europäischen Union sichergestellt werden.

Wesentliche Neuerungen im Vergleich zu früheren Regelungen

1. **Stärkere Rechte für Einzelpersonen**: Die DSGVO räumt betroffenen Personen erweiterte Rechte ein, einschließlich des Rechts auf Zugang zu ihren Daten, des Rechts auf Berichtigung und Löschung (Recht auf Vergessenwerden), des Rechts auf Einschränkung der Verarbeitung und des Rechts auf Datenübertragbarkeit. Diese Rechte ermöglichen es den Individuen, eine aktivere Rolle bei der Verwaltung ihrer Daten zu spielen.

2. **Strenge Einwilligungsvoraussetzungen**: Unter der DSGVO muss die Einwilligung zur Datenverarbeitung klar und deutlich eingeholt werden. Sie muss freiwillig, spezifisch, informiert und eindeutig sein. Die Verordnung fordert auch, dass es für die betroffene Person ebenso einfach sein muss, die Einwilligung zu widerrufen, wie sie zu erteilen.

3. **Datenschutz durch Technikgestaltung und durch datenschutzfreundliche Voreinstellungen** (Privacy by Design und Privacy by Default): Die DSGVO verpflichtet Unternehmen dazu, Datenschutzprinzipien bereits bei der Entwicklung neuer Produkte oder Dienstleistungen zu berücksichti-

gen. Dies bedeutet, dass der Datenschutz von Anfang an in die Verarbeitungstätigkeiten eingebettet sein muss.

4. **Pflicht zur Benachrichtigung bei Datenpannen**: Organisationen müssen bestimmte Arten von Datenschutzverletzungen innerhalb von 72 Stunden, nachdem sie davon Kenntnis erlangt haben, den Aufsichtsbehörden melden. Wenn die Verletzung ein hohes Risiko für die Rechte und Freiheiten natürlicher Personen darstellt, müssen auch die betroffenen Personen informiert werden.

5. **Verstärkte Sanktionen und Bußgelder**: Die DSGVO sieht erhebliche Strafen für Verstöße vor, die bis zu 4% des weltweiten Jahresumsatzes eines Unternehmens oder bis zu 20 Millionen Euro betragen können, je nachdem, welcher der Beträge höher ist.

Diese Neuerungen führen zu einer erheblichen Veränderung in der Verantwortlichkeit und den Prozessen innerhalb von Organisationen, die personenbezogene Daten verarbeiten. Sie fordern ein höheres Maß an Transparenz und Verantwortung von diesen Organisationen, wodurch letztendlich das Vertrauen in die digitale Wirtschaft gestärkt wird.

3.1.2 Schlüsselbegriffe der DSGVO

Die Datenschutz-Grundverordnung (DSGVO) hat eine Reihe von Schlüsselbegriffen eingeführt, die das Verständnis und die Anwendung des Gesetzes wesentlich prägen. Diese Begriffe bilden das Fundament, auf dem die Rechte und Pflichten rund um den Datenschutz aufgebaut sind. Zu den wichtigsten gehören die Definition von personenbezogenen Daten sowie die Rollen der am Datenverarbeitungsprozess beteiligten Akteure: der Verantwortliche, der Auftragsverarbeiter und die betroffene Person.

Definition von personenbezogenen Daten

Personenbezogene Daten sind laut DSGVO alle Informationen, die sich auf eine identifizierte oder identifizierbare natürliche Person („betroffene Person") beziehen. Eine Person gilt als identifizierbar, wenn sie direkt oder indirekt, insbesondere mittels Zuordnung zu einer Kennung wie einem Namen, einer Kennnummer, Standortdaten, einer Online-Kennung oder zu einem oder mehreren besonderen Merkmalen, die Ausdruck der physischen, physiologischen, genetischen, psychischen, wirtschaftlichen, kulturellen oder sozialen Identität dieser natürlichen Person sind, identifiziert werden kann. Diese breite Definition schließt eine Vielzahl von Daten ein, von offensichtlichen wie Namen und Adressen bis zu weniger offensichtlichen wie IP-Adressen oder Standortdaten.

Rollen: Verantwortlicher, Auftragsverarbeiter und betroffene Person

1. **Verantwortlicher**: Der Verantwortliche ist die natürliche oder juristische Person, Behörde, Einrichtung oder andere Stelle, die allein oder gemeinsam mit anderen über die Zwecke und Mittel der Verarbeitung von personenbezogenen Daten entscheidet. Diese Rolle trägt die Hauptverantwortung für die Einhaltung der Datenschutzgesetze, einschließlich der Gewährleistung der Rechtmäßigkeit der Datenverarbeitung und der Wahrung der Rechte der betroffenen Personen.

2. **Auftragsverarbeiter**: Der Auftragsverarbeiter ist eine natürliche oder juristische Person, Behörde, Einrichtung oder

andere Stelle, die personenbezogene Daten im Auftrag des Verantwortlichen verarbeitet. Obwohl der Auftragsverarbeiter nicht die primären Entscheidungen bezüglich der Datenverarbeitung trifft, hat er dennoch bedeutende rechtliche Pflichten und muss insbesondere sicherstellen, dass die Verarbeitung gemäß den Anweisungen des Verantwortlichen und den Anforderungen der DSGVO erfolgt.

3. **Betroffene Person**: Die betroffene Person ist jede identifizierte oder identifizierbare natürliche Person, deren personenbezogene Daten verarbeitet werden. Die DSGVO räumt den betroffenen Personen umfangreiche Rechte ein, darunter das Recht auf Auskunft, Berichtigung, Löschung ihrer Daten und das Recht, der Datenverarbeitung zu widersprechen.

Diese Schlüsselbegriffe sind essentiell, um die Struktur und die Absichten der DSGVO zu verstehen. Sie legen nicht nur fest, wer in der Datenverarbeitung involviert ist und welche Verantwortlichkeiten diese Rollen haben, sondern auch, wessen Rechte geschützt werden sollen. Durch diese klare Definition der Rollen und Verantwortlichkeiten trägt die DSGVO dazu bei, den Datenschutz in der Europäischen Union zu stärken und die Vertraulichkeit und Integrität personenbezogener Daten zu sichern.

3.1.3 Wichtige Artikel und ihre direkte Auswirkung auf das Marketing

Die DSGVO umfasst mehrere Artikel, die unmittelbare Auswirkungen auf Marketingaktivitäten haben und deren Verständnis für die Ausrichtung von Marketingstrategien, die der Datenschutzgesetzgebung entsprechen, unerlässlich ist. Insbesondere die Artikel 6, 7 sowie 13 und 14 spielen eine zentrale Rolle in der Regelung der

Rechtmäßigkeit der Datenverarbeitung, der Bedingungen für die Einwilligung sowie der Informationspflichten gegenüber den betroffenen Personen.

Artikel 6: Rechtmäßigkeit der Verarbeitung

Artikel 6 definiert die Bedingungen, unter denen die Verarbeitung personenbezogener Daten rechtmäßig ist. Es legt fest, dass personenbezogene Daten nur verarbeitet werden dürfen, wenn mindestens eine der folgenden Bedingungen erfüllt ist:

- Die betroffene Person hat ihre Einwilligung zur Verarbeitung ihrer persönlichen Daten für einen oder mehrere spezifische Zwecke gegeben.
- Die Verarbeitung ist notwendig für die Erfüllung eines Vertrags, dessen Vertragspartei die betroffene Person ist.
- Die Verarbeitung ist notwendig zur Erfüllung einer rechtlichen Verpflichtung.
- Die Verarbeitung ist notwendig zum Schutz lebenswichtiger Interessen.
- Die Verarbeitung ist notwendig für die Wahrnehmung einer Aufgabe, die im öffentlichen Interesse liegt oder in Ausübung öffentlicher Gewalt erfolgt.
- Die Verarbeitung ist notwendig zur Wahrung der berechtigten Interessen des Verantwortlichen oder eines Dritten.

Für Marketingzwecke ist besonders die Einwilligung der betroffenen Person relevant. Ohne eine klare und freiwillig erteilte Einwilligung dürfen personenbezogene Daten nicht für Direktmarketing verwendet werden.

Artikel 7: Bedingungen für die Einwilligung

Artikel 7 klärt weiter die Anforderungen an eine gültige Einwilligung. Er betont, dass die Einwilligung der betroffenen Person freiwillig, spezifisch, informiert und eindeutig sein muss. Die Einwilligung muss durch eine klare bestätigende Handlung erteilt werden, was bedeutet, dass das bloße Schweigen, vorangekreuzte Kästchen oder Inaktivität der betroffenen Person keine gültige Einwilligung darstellen. Zudem muss es für Personen leicht sein, ihre Einwilligung zu widerrufen, und dies muss genauso einfach sein wie die Erteilung der Einwilligung.

Artikel 13 und 14: Informationspflichten

Diese Artikel legen die Informationspflichten fest, die Organisationen gegenüber der betroffenen Person bei der Erhebung von Daten erfüllen müssen. Dazu gehört, dass der Verantwortliche der Verarbeitung transparente Informationen über die Identität des Verantwortlichen, die Zwecke der Datenverarbeitung, die Rechtsgrundlage, die Empfänger der Daten und die vorgesehene Dauer der Datenspeicherung bereitstellen muss. Darüber hinaus muss informiert werden über das Recht auf Auskunft, Berichtigung, Löschung und Widerspruch, das Recht auf Datenübertragbarkeit sowie das Recht, eine Beschwerde bei einer Aufsichtsbehörde einzureichen.

Diese Artikel der DSGVO formen die rechtliche Grundlage für alle Marketingaktivitäten, die personenbezogene Daten involvieren und stellen sicher, dass Marketingpraktiken nicht nur effektiv, sondern auch konform mit den höchsten Datenschutzstandards durchgeführt werden. Sie beeinflussen maßgeblich die Art und Weise, wie Unternehmen ihre Datenverarbeitungsprozesse für Marketingzwecke gestalten, implementieren und kommunizieren müssen.

3.2 Einwilligung nach der DSGVO

3.2.1 Anforderungen an eine rechtsgültige Einwilligung

Die DSGVO setzt strikte Maßstäbe für die Einholung und Handhabung der Einwilligung, welche eine der Hauptgrundlagen für die rechtmäßige Verarbeitung personenbezogener Daten darstellt. Die Regelungen zur Einwilligung zielen darauf ab, die Kontrolle der Einzelpersonen über ihre Daten zu stärken und das Vertrauen in die digitale Wirtschaft zu erhöhen. Im Folgenden werden die Anforderungen an eine rechtsgültige Einwilligung unter der DSGVO detailliert erläutert.

Freiwilligkeit und spezifische Informierung

Freiwilligkeit: Die Einwilligung muss freiwillig erteilt werden, was bedeutet, dass sie ohne jeglichen Druck oder Einfluss erfolgen muss. Die betroffene Person sollte eine echte Wahlmöglichkeit haben, ihre Daten freigeben zu dürfen oder nicht. Dies schließt aus, dass eine Dienstleistung oder der Vertragsabschluss von der Einwilligung zur Verarbeitung von Daten abhängig gemacht wird, die für diese Zwecke nicht notwendig sind. Wenn die Einwilligung unter Zwang oder aufgrund einer ungleichen Machtverteilung zwischen den Parteien erfolgt, gilt sie als nicht freiwillig erteilt.

Spezifische Informierung: Die Einwilligung muss für einen bestimmten Fall und in einem spezifischen Kontext erteilt werden. Der Verantwortliche muss klar und verständlich informieren, für welche Zwecke die Daten verarbeitet werden. Diese Informationen müssen vor der Einwilligung bereitgestellt werden und leicht zugänglich sein. Es muss vermieden werden, dass allgemeine oder vage Formulierungen verwendet werden, die es dem Einzelnen erschweren, die Tragweite seiner Entscheidung zu verstehen.

Nachweisbarkeit und Widerruflichkeit

Nachweisbarkeit: Der Verantwortliche muss in der Lage sein, nachzuweisen, dass die betroffene Person ihre Einwilligung zu den spezifischen Datenverarbeitungsvorgängen gegeben hat. Dies erfordert eine klare Dokumentation, wann und wie die Einwilligung von der betroffenen Person erhalten wurde. In der Praxis bedeutet dies oft, dass die elektronische oder papierbasierte Zustimmung so gespeichert wird, dass sie im Bedarfsfall vorgelegt werden kann.

Widerruflichkeit: Die Einwilligung muss so einfach widerrufbar sein, wie sie erteilt wurde. Dies bedeutet, dass Unternehmen Verfahren einrichten müssen, die es den Personen ermöglichen, ihre Einwilligung jederzeit und ohne Nachteil zurückzuziehen. Der Widerruf der Einwilligung darf die Rechtmäßigkeit der aufgrund der Einwilligung bis zum Widerruf erfolgten Verarbeitung nicht beeinträchtigen, aber er stoppt alle zukünftigen Datenverarbeitungsaktivitäten, die auf dieser Einwilligung basieren.

Die Einhaltung dieser Anforderungen ist entscheidend, um die Rechte der betroffenen Personen zu schützen und die Glaubwürdigkeit der datenverarbeitenden Stellen zu gewährleisten. Sie unterstreicht die Bedeutung des datenschutzrechtlichen Grundsatzes der Transparenz und stellt sicher, dass die Datenverarbeitung in einer Weise erfolgt, die das Vertrauen der Öffentlichkeit in die technologischen Entwicklungen und digitalen Dienstleistungen stärkt.

3.2.2 Praktische Umsetzung der Einwilligungsanforderungen

Die praktische Umsetzung der Einwilligungsanforderungen unter der DSGVO erfordert sorgfältige Überlegungen, besonders in der Gestaltung von Einwilligungserklärungen und der Implementierung von Verfahren wie dem Double-Opt-In. Diese Elemente sind entscheidend, um sicherzustellen, dass die Einwilligung rechtskonform eingeholt und verarbeitet wird. Hier sind spezifische Strategien und Methoden, die Unternehmen anwenden können:

Gestaltung von Einwilligungserklärungen

Die Gestaltung einer Einwilligungserklärung muss klar, verständlich und leicht zugänglich sein. Hier sind einige Richtlinien für die Erstellung effektiver Einwilligungserklärungen:

- **Klarheit und Einfachheit:** Verwenden Sie einfache und klare Sprache. Vermeiden Sie Fachjargon und rechtliche Fachausdrücke, die für die durchschnittliche Person schwer zu verstehen sind. Die Erklärung sollte so gestaltet sein, dass sie von Personen ohne spezielle rechtliche oder technische Kenntnisse verstanden werden kann.

- **Konkrete Informationen:** Geben Sie konkrete Details darüber, welche Daten gesammelt werden, wie sie verwendet werden und mit wem sie geteilt werden. Es sollte auch erklärt werden, warum diese Daten notwendig sind und welche Konsequenzen es hat, wenn die Daten nicht bereitgestellt werden.

- **Visuelle Klarheit:** Strukturieren Sie die Einwilligungserklärung so, dass sie übersichtlich ist. Nutzen Sie Absätze, Zwischenüberschriften und Aufzählungen, um die Lesbarkeit zu verbessern. Wichtige Informationen sollten hervorgehoben werden.

- **Separate Zustimmungen:** Stellen Sie sicher, dass Zustimmungen für unterschiedliche Verarbeitungszwecke separat eingeholt werden. Dies gibt den Nutzern die Freiheit, spezifisch zu entscheiden, welche Datenverarbeitungsaktivitäten sie genehmigen und welche nicht.

Implementierung des Double-Opt-In-Verfahrens

Das Double-Opt-In-Verfahren ist eine Methode, die sicherstellt, dass die Einwilligung verifiziert wird und tatsächlich vom Dateninhaber stammt. Dieses Verfahren ist besonders in der Online-Kommunikation und beim E-Mail-Marketing üblich und läuft wie folgt ab:

1. **Erste Einwilligung:** Der Nutzer gibt seine E-Mail-Adresse auf der Website ein und erklärt sich bereit, Marketing-Kommunikation zu erhalten.

2. **Bestätigungsanforderung:** Nach der ersten Anmeldung sendet das System automatisch eine E-Mail an die angegebene Adresse, um die Einwilligung zu bestätigen. Diese E-Mail enthält einen spezifischen Link, den der Nutzer anklicken muss, um seine Einwilligung zu verifizieren.

3. **Bestätigung der Einwilligung:** Erst nachdem der Nutzer den Link angeklickt hat, wird seine E-Mail-Adresse aktiv in die Mailingliste aufgenommen. Dies bestätigt, dass der Inhaber der E-Mail-Adresse tatsächlich derjenige ist, der die Einwilligung erteilt hat, und verhindert Missbrauch wie das Eintragen fremder E-Mail-Adressen ohne deren Zustimmung.

4. **Dokumentation und Nachweisbarkeit:** Jeder Schritt des Double-Opt-In-Verfahrens wird dokumentiert, um bei Bedarf nachweisen zu können, dass eine rechtskonforme Einwilligung vorliegt.

Die Implementierung dieser Verfahren stärkt das Vertrauen der Nutzer, indem sie sicherstellt, dass ihre Daten nur mit ihrer ausdrücklichen Zustimmung gesammelt und verwendet werden. Dies fördert eine transparente und verantwortungsbewusste Datenverarbeitungspraxis, die im Einklang mit den Prinzipien der DSGVO steht.

Hier ist ein Beispiel für eine typische Einwilligungserklärung, die angegebenen Kriterien berücksichtigt:

Einwilligungserklärung zur Datenverarbeitung

1. Verantwortlicher für die Datenverarbeitung: XYZ GmbH Musterstraße 1 12345 Musterstadt E-Mail: datenschutz@xyz.de Telefon: 01234 / 567890

2. Zweck der Datenverarbeitung: Ich willige ein, dass die XYZ GmbH meine E-Mail-Adresse und meinen Namen verwendet, um mir regelmäßig Informationen und Angebote zu [Produkten/Dienstleistungen] per E-Mail zu senden.

3. Art der Datenverarbeitung: Die XYZ GmbH wird Ihre personenbezogenen Daten ausschließlich zur Zusendung von werblichen Informationen über [Produkte/Dienstleistungen] verwenden. Es erfolgt keine Weitergabe Ihrer Daten an Dritte außerhalb der XYZ GmbH, es sei denn, es liegt eine gesetzliche Verpflichtung vor oder die Weitergabe ist zur Vertragserfüllung notwendig.

4. Freiwilligkeit der Einwilligung: *Die Bereitstellung Ihrer Daten und die Erteilung dieser Einwilligung sind freiwillig. Ohne die Erteilung der Einwilligung ist lediglich die Nutzung der [angegebenen Dienste/Angebote] der XYZ GmbH nicht möglich.*

5. Widerrufsrecht: *Sie können Ihre Einwilligung jederzeit mit Wirkung für die Zukunft widerrufen. Der Widerruf der Einwilligung hat keinen Einfluss auf die Rechtmäßigkeit der aufgrund der Einwilligung bis zum Widerruf erfolgten Verarbeitung. Den Widerruf können Sie durch Klicken auf den Abmeldelink in jedem E-Mail-Newsletter oder durch eine Nachricht an die oben genannten Kontaktdaten der XYZ GmbH erklären.*

6. Dauer der Datenspeicherung: *Ihre Daten werden solange gespeichert, wie dies für die Durchführung unserer Dienste erforderlich ist oder bis Sie Ihre Einwilligung widerrufen. Anschließend werden die Daten gelöscht.*

7. Rechte der betroffenen Person: *Sie haben das Recht auf Auskunft über die von uns verarbeiteten personenbezogenen Daten sowie auf Berichtigung oder Löschung, Einschränkung der Verarbeitung, Widerspruch gegen die Verarbeitung sowie das Recht auf Datenübertragbarkeit. Ihnen steht ebenfalls ein Beschwerderecht bei einer Datenschutz-Aufsichtsbehörde zu.*

[ ] Ich habe die Einwilligungserklärung gelesen und verstanden. Ich stimme zu.

[ ] Ich möchte weitere Informationen zu meinen Rechten im Zusammenhang mit meinen personenbezogenen Daten erhalten.

Datum: _________________

Unterschrift: _________________

Diese Muster-Einwilligungserklärung deckt die wesentlichen Aspekte ab, die für eine klare und rechtskonforme Einholung der Einwilligung erforderlich sind. Sie sollte den spezifischen Kontext Ihres Unternehmens und die Art der Datenverarbeitung, die Sie durchführen, widerspiegeln.

3.3 Rechte der betroffenen Personen

3.3.1 Überblick über die Rechte

Im Rahmen der Datenschutz-Grundverordnung (DSGVO) werden den betroffenen Personen, also den Individuen, deren personenbezogene Daten erhoben und verarbeitet werden, umfassende Rechte eingeräumt. Diese Rechte sind entscheidend, um die Kontrolle der Einzelpersonen über ihre eigenen Daten zu stärken und die Transparenz der Datenverarbeitung zu gewährleisten. Zu den wichtigsten Rechten gehören das Recht auf Auskunft sowie das Recht auf Berichtigung und Löschung.

Recht auf Auskunft

Das Recht auf Auskunft ermöglicht es den betroffenen Personen, von der verantwortlichen Stelle zu verlangen, Bestätigung darüber zu erhalten, ob personenbezogene Daten, die sie betreffen, verarbeitet werden. Wenn dies der Fall ist, haben sie ein Recht darauf,

Zugang zu diesen Daten zu erhalten. Zusätzlich dazu muss die verantwortliche Stelle folgende Informationen bereitstellen:

- Die Verarbeitungszwecke.
- Die betroffenen Kategorien personenbezogener Daten.
- Die Empfänger oder Kategorien von Empfängern, gegenüber denen die personenbezogenen Daten offengelegt wurden oder noch werden, insbesondere bei Empfängern in Drittländern oder bei internationalen Organisationen.
- Die geplante Dauer, für die die personenbezogenen Daten gespeichert werden, oder, falls dies nicht möglich ist, die Kriterien für die Festlegung dieser Dauer.
- Das Bestehen eines Rechts auf Berichtigung, Löschung oder Einschränkung der Verarbeitung durch den Verantwortlichen oder eines Widerspruchsrechts gegen diese Verarbeitung.
- Das Bestehen eines Beschwerderechts bei einer Aufsichtsbehörde.

Diese Informationen müssen in einer klaren und verständlichen Weise bereitgestellt werden, und der Zugang zu den Daten muss in der Regel kostenlos erfolgen.

Recht auf Berichtigung und Löschung

Das **Recht auf Berichtigung** gibt den betroffenen Personen die Möglichkeit, von der verantwortlichen Stelle die unverzügliche Berichtigung sie betreffender unrichtiger personenbezogener Daten zu verlangen. Falls die personenbezogenen Daten unvollständig sind, können die betroffenen Personen auch die Vervollständigung der Daten verlangen, einschließlich durch eine ergänzende Erklärung.

Das **Recht auf Löschung** (auch bekannt als „Recht auf Vergessenwerden") ermöglicht es den betroffenen Personen, von der verantwortlichen Stelle zu verlangen, dass sie betreffende personenbezogene Daten unverzüglich gelöscht werden, und die verantwortliche Stelle ist verpflichtet, diese Daten zu löschen, wenn einer der folgenden Gründe zutrifft:

- Die personenbezogenen Daten sind für die Zwecke, für die sie erhoben oder auf sonstige Weise verarbeitet wurden, nicht mehr notwendig.
- Die betroffene Person widerruft ihre Einwilligung, auf die sich die Verarbeitung stützte, und es fehlt an einer anderweitigen Rechtsgrundlage für die Verarbeitung.
- Die betroffene Person legt Widerspruch gegen die Verarbeitung ein und es liegen keine vorrangigen berechtigten Gründe für die Verarbeitung vor, oder sie legt Widerspruch gegen die Verarbeitung zu Direktmarketingzwecken ein.
- Die personenbezogenen Daten wurden unrechtmäßig verarbeitet.
- Die Löschung der personenbezogenen Daten ist zur Erfüllung einer rechtlichen Verpflichtung nach dem Unionsrecht oder dem Recht der Mitgliedstaaten erforderlich, dem der Verantwortliche unterliegt.

Diese Rechte sind wesentlich, um die Grundprinzipien der Datenschutz-Grundverordnung, wie Transparenz, Genauigkeit und die Minimierung der Datenspeicherung, umzusetzen. Sie stärken das Vertrauen der betroffenen Personen in die Datenverarbeitungsprozesse und fördern verantwortungsbewusste Datenpraktiken in Organisationen.

3.3.2 Recht auf Datenübertragbarkeit und Widerspruch

Das Recht auf Datenübertragbarkeit und das Recht auf Widerspruch sind wesentliche Bestandteile der Datenschutz-Grundverordnung (DSGVO), die signifikante Auswirkungen auf die Marketingpraktiken von Unternehmen haben. Diese Rechte stärken die Kontrolle der betroffenen Personen über ihre personenbezogenen Daten und stellen Herausforderungen sowie Chancen für Unternehmen dar, die datengesteuertes Marketing betreiben.

Recht auf Datenübertragbarkeit

Das **Recht auf Datenübertragbarkeit** erlaubt es betroffenen Personen, ihre Daten, die sie einem Verantwortlichen bereitgestellt haben, in einem strukturierten, gängigen und maschinenlesbaren Format zu erhalten und diese Daten einem anderen Verantwortlichen ohne Behinderung zu übermitteln. Dieses Recht ist besonders relevant, wenn die Datenverarbeitung auf einer Einwilligung oder auf einem Vertrag beruht.

Umsetzung in Marketingprozessen

In Marketingprozessen erfordert das Recht auf Datenübertragbarkeit, dass Unternehmen Mechanismen einrichten, die es Kunden ermöglichen, ihre Daten einfach zu exportieren. Dies könnte zum Beispiel durch automatisierte Tools erfolgen, die Nutzern ermöglichen, ihre Profile und die damit verbundenen Daten, wie Kaufhistorie oder Nutzungsverhalten, herunterzuladen.

Herausforderungen und Lösungsansätze

Eine der größten Herausforderungen ist die technische Implementierung solcher Systeme, insbesondere die Sicherstellung, dass die

Daten in einem geeigneten Format exportiert werden können, das auch von anderen Dienstleistern genutzt werden kann. Eine Lösung kann die Entwicklung standardisierter Datenexportformate sein, die branchenweit Anwendung finden könnten, um die Kompatibilität zu gewährleisten.

Recht auf Widerspruch

Das **Recht auf Widerspruch** gibt betroffenen Personen die Möglichkeit, jederzeit gegen die Verarbeitung ihrer personenbezogenen Daten Widerspruch einzulegen, insbesondere wenn diese für Direktmarketingzwecke verarbeitet werden. Dieses Recht ist absolut und erfordert, dass das Unternehmen die Datenverarbeitung sofort einstellt, wenn der Widerspruch für Direktmarketingzwecke erfolgt.

Umsetzung in Marketingprozessen

Für Marketingteams bedeutet dies, dass sie klare und einfache Wege bieten müssen, durch die Nutzer ihre Einwilligung widerrufen können. Dies kann durch Unsubscribe-Links in E-Mails oder durch Benutzereinstellungen auf der Webseite, wo Nutzer ihre Präferenzen verwalten können, realisiert werden.

Herausforderungen und Lösungsansätze

Die Herausforderung besteht darin, sicherzustellen, dass alle Marketingkanäle aktualisiert werden, sobald ein Widerspruch erfolgt, um zu verhindern, dass die betroffene Person weiterhin Marketingmaterial erhält. Eine Lösung könnte die Nutzung zentralisierter Datenmanagement-Systeme sein, die in der Lage sind, Widersprüche in Echtzeit über alle Kanäle hinweg zu synchronisieren und umzusetzen.

Insgesamt erfordern das Recht auf Datenübertragbarkeit und das Recht auf Widerspruch von Unternehmen eine sorgfältige Betrachtung der verwendeten Technologien und Prozesse, um sicherzustellen, dass die Rechte der betroffenen Personen geachtet und eingehalten werden. Durch die Implementierung von Systemen, die diese Rechte unterstützen, können Unternehmen nicht nur die Compliance sicherstellen, sondern auch das Vertrauen der Nutzer in ihre Marke stärken.

3.4 Datenschutz-Folgenabschätzung (DSFA)

3.4.1 Notwendigkeit und Durchführung einer DSFA

Die Datenschutz-Folgenabschätzung (DSFA) ist ein wesentlicher Bestandteil der Datenschutz-Grundverordnung (DSGVO), der Organisationen dabei unterstützt, die Risiken zu identifizieren und zu minimieren, die mit der Verarbeitung personenbezogener Daten verbunden sind. Dieses Instrument ist besonders in Fällen von Datenverarbeitungen, die ein hohes Risiko für die Rechte und Freiheiten natürlicher Personen darstellen, erforderlich.

Notwendigkeit einer DSFA

Die DSFA ist erforderlich, wenn die geplante Datenverarbeitung voraussichtlich ein hohes Risiko für die persönlichen Rechte und Freiheiten der betroffenen Personen zur Folge haben könnte. Dies schließt insbesondere solche Verarbeitungen ein, die aufgrund ihrer Natur, ihres Umfangs, ihrer Kontexte oder ihrer Zwecke die Privatsphäre und den Schutz der personenbezogenen Daten gefährden könnten.

Voraussetzungen und betroffene Verarbeitungstätigkeiten

Zu den typischen Verarbeitungstätigkeiten, die eine DSFA erfordern könnten, gehören:

- Systematische und umfangreiche Bewertung persönlicher Aspekte, die auf automatisierten Verarbeitungen einschließlich Profiling basieren.
- Groß angelegte Verarbeitung besonderer Kategorien von personenbezogenen Daten oder von Daten über strafrechtliche Verurteilungen und Straftaten.
- Überwachungsmaßnahmen, die öffentlich zugängliche Bereiche großflächig und systematisch überwachen.

Praktische Schritte zur Durchführung einer DSFA

1. Ermittlung des Bedarfs einer DSFA: Der erste Schritt ist die Feststellung, ob eine DSFA notwendig ist. Dies geschieht durch eine Vorabprüfung, in der die Art, der Umfang, der Kontext und die Zwecke der Datenverarbeitung analysiert werden.

2. Beschreibung der Verarbeitungsvorgänge: Es muss eine detaillierte Beschreibung der geplanten Verarbeitungstätigkeiten erstellt werden, einschließlich der Arten der personenbezogenen Daten, der Zweckbestimmung der Verarbeitung und der Beteiligten.

3. Bewertung der Notwendigkeit und der Verhältnismäßigkeit der Verarbeitungsvorgänge: In diesem Schritt wird geprüft, inwiefern die Verarbeitungstätigkeiten zur Erfüllung ihrer spezifischen Zwecke notwendig und verhältnismäßig sind.

4. Risikobewertung: Die Risiken für die Rechte und Freiheiten der betroffenen Personen werden bewertet. Dies beinhaltet die Wahrscheinlichkeit und Schwere potenzieller Risiken bei verschiedenen Szenarien der Datenverarbeitung.

5. Maßnahmen zur Risikominderung: Basierend auf der Risikobewertung müssen Maßnahmen identifiziert werden, die die Risiken minimieren. Dies kann technische und organisatorische Maßnahmen umfassen, die sicherstellen, dass die Datenschutzgrundsätze, wie Datensparsamkeit und Sicherheit, eingehalten werden.

6. Dokumentation: Die Ergebnisse der DSFA und alle getroffenen Entscheidungen müssen umfassend dokumentiert werden. Diese Dokumentation sollte auch die Gründe für die Annahme bestimmter Maßnahmen sowie eine Bewertung ihrer Wirksamkeit enthalten.

7. Überprüfung: DSFAs sind keine einmaligen Vorgänge. Sie müssen regelmäßig überprüft und aktualisiert werden, besonders wenn sich die Verarbeitungstätigkeiten oder die Kontexte der Datenverarbeitung ändern.

Durch die Durchführung einer DSFA können Organisationen nicht nur die Compliance mit der DSGVO sicherstellen, sondern auch das Vertrauen der Nutzer und der Öffentlichkeit in ihre Fähigkeit zum Schutz personenbezogener Daten stärken.

3.4.2 Rolle der Datenschutzbehörden

Die Datenschutzbehörden spielen eine zentrale Rolle bei der Überwachung und Durchsetzung der Datenschutz-Grundverordnung (DSGVO). Ihre Aufgaben umfassen sowohl beratende als auch prüfende Funktionen, und sie sind befugt, bei Verstößen gegen die Datenschutzvorschriften einzugreifen. Diese Behörden agieren als unabhängige Kontrollstellen, die sicherstellen, dass die Daten-

schutzgesetze innerhalb der Europäischen Union konsequent angewendet und eingehalten werden.

Beratung und Prüfung durch Aufsichtsbehörden

Beratung: Datenschutzbehörden bieten Beratungsdienste für öf-
fentliche und private Organisationen an. Diese Dienste sind darauf
ausgerichtet, Organisationen dabei zu unterstützen, ihre Verfahren
und Systeme im Einklang mit den Datenschutzgesetzen zu gestalten. Die Beratung kann allgemeine Informationen über die Anforderungen der DSGVO, spezifische Hinweise zur Implementierung
von Datenschutzmaßnahmen oder Unterstützung bei der Entwicklung datenschutzfreundlicher Technologien umfassen.

Prüfung: Datenschutzbehörden führen Prüfungen durch, um sicherzustellen, dass Organisationen die Datenschutzbestimmungen
einhalten. Diese Prüfungen können in Form von Audits, Untersu-
chungen oder Überprüfungen stattfinden. Sie können auf Beschwerden oder Hinweise von betroffenen Personen hin initiiert
werden oder als Teil regelmäßiger Überwachungsaufgaben erfolgen. Während dieser Prüfungen bewerten die Behörden die Verarbeitungstätigkeiten der Organisationen und überprüfen, ob diese
die Rechte der betroffenen Personen wahren.

Umgang mit Auflagen und Anordnungen

Auflagen: Wenn bei einer Prüfung festgestellt wird, dass eine Organisation die DSGVO nicht vollständig einhält, können die Datenschutzbehörden spezifische Auflagen erteilen. Diese Auflagen sind
Anweisungen, die die Organisationen befolgen müssen, um ihre
Datenverarbeitungspraktiken zu verbessern und in Übereinstimmung mit dem Gesetz zu bringen. Beispiele für solche Auflagen
können die Aufforderung sein, bestimmte Sicherheitsmaßnahmen

zu verstärken, zusätzliche Informationen in ihre Datenschutzerklärungen aufzunehmen oder die Art und Weise, wie Einwilligungen eingeholt werden, zu ändern.

Anordnungen: In schwerwiegenderen Fällen oder bei Nichtbeachtung der Auflagen können Datenschutzbehörden formelle Anordnungen erlassen. Diese Anordnungen können von der Forderung nach sofortiger Einstellung bestimmter Datenverarbeitungsaktivitäten bis hin zu erheblichen Bußgeldern reichen. Solche Sanktionen sollen nicht nur die betreffende Organisation zur Einhaltung zwingen, sondern auch als abschreckendes Beispiel für andere dienen.

Der proaktive Umgang mit den Auflagen und Anordnungen der Datenschutzbehörden ist für Organisationen entscheidend, um potenzielle Sanktionen zu vermeiden und das Vertrauen der Öffentlichkeit in ihre Datenschutzpraktiken zu stärken. Organisationen werden angehalten, eng mit den Behörden zusammenzuarbeiten und deren Empfehlungen zu folgen, um die Konformität mit der DSGVO sicherzustellen.

3.5 Internationale Datenübertragungen

Die Globalisierung und die Vernetzung der digitalen Welt haben zur Folge, dass Datenübertragungen über Ländergrenzen hinweg zur Normalität geworden sind. Dies wirft jedoch komplexe Fragen hinsichtlich des Datenschutzes auf, insbesondere wenn es um die Übertragung personenbezogener Daten außerhalb der Europäischen Union geht. Die Datenschutz-Grundverordnung (DSGVO) setzt strenge Regeln für solche internationalen Datenübertragungen, um sicherzustellen, dass das Schutzniveau personenbezogener Daten nicht untergraben wird.

3.5.1 Regulierungen für Datenübertragungen außerhalb der EU

Die DSGVO erlaubt internationale Datenübertragungen an Länder außerhalb des EWR (Europäischer Wirtschaftsraum), wenn das Empfängerland ein adäquates Datenschutzniveau bietet. Dies kann durch verschiedene Mechanismen sichergestellt werden, darunter Angemessenheitsbeschlüsse und Standardvertragsklauseln.

Angemessenheitsbeschlüsse: Ein Angemessenheitsbeschluss ist eine Entscheidung der Europäischen Kommission, die feststellt, dass ein Drittland ein vergleichbares Datenschutzniveau zu dem der EU bietet. Solche Beschlüsse beruhen auf einer umfassenden Prüfung der Datenschutzgesetze und -praktiken des Drittlandes. Bisher haben nur einige Länder, wie Japan, Kanada und die Schweiz, solche Angemessenheitsbeschlüsse erhalten. Für Unternehmen bedeutet dies, dass sie personenbezogene Daten in diese Länder übertragen können, ohne weitere datenschutzrechtliche Sicherheitsmaßnahmen ergreifen zu müssen.

Standardvertragsklauseln: Für Länder, für die kein Angemessenheitsbeschluss vorliegt, bieten Standardvertragsklauseln (SVK) eine alternative Möglichkeit, ein angemessenes Datenschutzniveau zu gewährleisten. Diese Klauseln sind von der Europäischen Kommission vorformulierte Vertragsbedingungen, die zwischen dem Datenexporteur in der EU und dem Datenimporteur im Drittland vereinbart werden. Die Klauseln enthalten strenge Datenschutzverpflichtungen, die der Datenimporteur erfüllen muss, und gewährleisten so, dass die übertragenen personenbezogenen Daten auch außerhalb der EU geschützt bleiben.

Die Verwendung von Standardvertragsklauseln erfordert eine sorgfältige Prüfung und möglicherweise zusätzliche Sicherheitsmaßnahmen, abhängig von der spezifischen Situation des Drittlandes. Unternehmen müssen die Wirksamkeit dieser Schutzmaßnahmen regelmäßig überprüfen, insbesondere im Hinblick auf das potenzielle Risiko von staatlichen Überwachungsmaßnahmen im Empfängerland, die die Wirksamkeit der Schutzmaßnahmen untergraben könnten.

Die Regulierungen für internationale Datenübertragungen stellen sicher, dass personenbezogene Daten auch beim Grenzüberschreitenden Verkehr umfassend geschützt werden. Unternehmen, die international agieren, müssen sich dieser Anforderungen bewusst sein und entsprechende Maßnahmen treffen, um die Konformität mit der DSGVO zu gewährleisten und das Vertrauen ihrer Nutzer zu bewahren.

3.5.2 Spezielle Herausforderungen und Lösungen

Internationale Datenübertragungen, insbesondere im Kontext von Cloud-Services und multinationalen Konzernen, stellen spezifische Herausforderungen für den Datenschutz dar. Diese Herausforderungen ergeben sich aus der Komplexität global verteilter Datenflüsse und der Notwendigkeit, unterschiedliche Datenschutzgesetze zu berücksichtigen. Die Lösungen zu diesen Herausforderungen erfordern sowohl technische als auch organisatorische Maßnahmen, um die Einhaltung der Datenschutz-Grundverordnung (DSGVO) sicherzustellen.

Herausforderungen bei Cloud-Services

Cloud-Services ermöglichen es Unternehmen, Daten effizient zu speichern, zu verarbeiten und zu teilen. Jedoch bedeutet die Nutzung von Cloud-Diensten oft, dass Daten grenzüberschreitend, zwischen verschiedenen Rechtsräumen übertragen und gespeichert werden. Dies wirft Fragen auf hinsichtlich der Kontrolle über die Daten und deren Schutz nach DSGVO-Standards:

1. **Datenlokalisierung**: In einigen Fällen können lokale Gesetze vorschreiben, dass Daten innerhalb bestimmter geografischer Grenzen gespeichert werden müssen. Cloud-Dienste, deren Server und Datenzentren global verteilt sind, können hierbei zu Konflikten mit nationalen Datenschutzgesetzen führen.

2. **Zugriffskontrolle**: Die Gewährleistung, dass nur berechtigte Nutzer Zugriff auf sensitive Daten haben, ist bei Cloud-Services eine Herausforderung, da die Datenverarbeitung und -speicherung oft über verschiedene Jurisdiktionen hinweg erfolgt.

Lösungen für Cloud-Services

1. **Verwendung von Verschlüsselung**: Die Verschlüsselung von Daten, sowohl bei der Übertragung als auch bei der Speicherung, bietet einen grundlegenden Schutz, der unabhängig vom Standort des Servers wirksam ist.

2. **Auswahl von Cloud-Anbietern mit DSGVO-Konformität**: Unternehmen sollten Dienstleister wählen, die nachweislich DSGVO-Konform handeln und dies auch in ihren Verträgen garantieren.

3. **Bindende Unternehmensregeln (Binding Corporate Rules, BCR)**: Diese internen Regelungen sind für multinationale Unternehmen eine Möglichkeit, ein einheitliches Datenschutzniveau über alle Unternehmenseinheiten hinweg sicherzustellen.

Herausforderungen bei international tätigen Konzernen

Multinationale Konzerne müssen nicht nur die DSGVO, sondern oft eine Vielzahl unterschiedlicher Datenschutzgesetze weltweit beachten. Dies kann zu Konflikten zwischen lokalen Anforderungen und den strikten Regelungen der DSGVO führen:

1. **Inkonsistente Datenschutzstandards**: Länder außerhalb der EU haben oft unterschiedliche Ansichten darüber, was als angemessener Datenschutz gilt, was die Einhaltung der DSGVO erschwert.

2. **Datenflüsse zwischen Tochtergesellschaften**: Die interne Übertragung von Daten zwischen verschiedenen Teilen eines multinationalen Konzerns kann komplex sein, besonders wenn einige Tochtergesellschaften in Ländern ohne angemessenes Datenschutzniveau ansässig sind.

Lösungen für internationale Konzerne

1. **Implementierung von Standardvertragsklauseln**: Diese können verwendet werden, um die Datenübertragung zwischen den verschiedenen Unternehmenseinheiten innerhalb des Konzerns abzusichern.

2. **Aufbau eines globalen Datenschutz-Governance-Modells**: Ein solches Modell stellt sicher, dass Datenschutzpraktiken unternehmensweit standardisiert und DSGVO-konform sind, unabhängig vom Standort der Tochtergesellschaft.

3. **Regelmäßige Datenschutz-Folgenabschätzungen**: Diese helfen, Risiken zu identifizieren und Maßnahmen zu entwi-

ckeln, die den spezifischen Bedingungen in verschiedenen Jurisdiktionen gerecht werden.

Die Bewältigung dieser speziellen Herausforderungen erfordert von international tätigen Unternehmen und Cloud-Dienstnutzern eine fortlaufende Aufmerksamkeit und Anpassung ihrer Datenschutzstrategien, um die Konformität mit der DSGVO und anderen lokalen Datenschutzgesetzen zu gewährleisten.

3.6 Zusammenfassung rechtlicher Pflichten

Die Einhaltung der Datenschutz-Grundverordnung (DSGVO) stellt für Unternehmen, insbesondere im Bereich Marketing, eine Herausforderung dar. Die nachstehende Checkliste fasst die wesentlichen Maßnahmen zusammen, die Unternehmen ergreifen sollten, um die Konformität mit der DSGVO sicherzustellen. Diese Maßnahmen sind entscheidend, um nicht nur rechtliche Sanktionen zu vermeiden, sondern auch das Vertrauen der Kunden in die Marke zu stärken.

3.6.1 Checkliste für die rechtliche Konformität

---

1. Transparente Einwilligungsverfahren etablieren:
- *Stellen Sie sicher, dass Einwilligungserklärungen klar, verständlich und leicht zugänglich sind.*
- *Verwenden Sie eine aktive Einwilligungsform (keine vorangekreuzten Kästchen).*
- *Bieten Sie getrennte Einwilligungen für verschiedene Marketingaktivitäten und Datenverarbeitungszwecke an.*

2. Datenschutz durch Design und Voreinstellung implementieren:

- *Integrieren Sie Datenschutzmaßnahmen von Beginn an in die Entwicklung neuer Produkte, Dienstleistungen oder Marketingkampagnen.*
- *Stellen Sie sicher, dass die Standardeinstellungen die Privatsphäre respektieren (z.B. Sammeln minimaler notwendiger Daten).*

3. Recht auf Auskunft, Berichtigung, Löschung und Widerspruch umsetzen:

- *Richten Sie Prozesse ein, die es den Betroffenen ermöglichen, ihre Rechte auszuüben, und reagieren Sie zeitnah auf entsprechende Anfragen.*
- *Halten Sie eine leicht zugängliche Möglichkeit zum Widerruf von Einwilligungen bereit.*

4. Datenübertragungen sicher und rechtskonform gestalten:

- *Überprüfen Sie alle Datenübertragungen an Drittländer auf die Einhaltung der DSGVO, insbesondere durch Angemessenheitsbeschlüsse oder Standardvertragsklauseln.*
- *Stellen Sie sicher, dass bei der Nutzung von Cloud-Diensten und internationalen Datenflüssen adäquate Datenschutzmaßnahmen implementiert sind.*

5. Datenschutzbeauftragten bestimmen (falls erforderlich):

- *Ernennen Sie einen Datenschutzbeauftragten, wenn dies durch die Art der Datenverarbeitung oder die Unternehmensgröße erforderlich ist.*
- *Der Datenschutzbeauftragte sollte unabhängig beraten und die Einhaltung der Datenschutzgesetze überwachen.*

6. Datenschutz-Folgenabschätzungen (DSFA) durchführen:

- *Führen Sie eine DSFA für alle neuen und potenziell risikoreichen Verarbeitungstätigkeiten durch.*
- *Überprüfen Sie regelmäßig und aktualisieren Sie die DSFA, um Änderungen in der Verarbeitung oder im rechtlichen Umfeld Rechnung zu tragen.*

7. Schulung und Bewusstseinsbildung der Mitarbeiter:

- *Schulen Sie regelmäßig Ihre Mitarbeiter in den Grundlagen des Datenschutzes und der spezifischen Datenschutzpraktiken Ihres Unternehmens.*
- *Stellen Sie sicher, dass alle Mitarbeiter, insbesondere im Marketing und in der IT, die Bedeutung der Einhaltung der DSGVO verstehen.*

8. Dokumentation und Nachweisführung:

- *Führen Sie detaillierte Aufzeichnungen über alle Datenverarbeitungsaktivitäten, einschließlich der Einwilligungshistorie und der durchgeführten Datenschutzmaßnahmen.*

* *Bewahren Sie diese Dokumentation auf, um sie bei Überprüfungen durch Aufsichtsbehörden vorlegen zu können.*

Diese Checkliste dient als Rahmen, um sicherzustellen, dass Marketingaktivitäten nicht nur effektiv, sondern auch in vollem Einklang mit der DSGVO durchgeführt werden. Indem Sie diese Schritte befolgen, minimieren Sie das Risiko rechtlicher Sanktionen und bauen ein solides Vertrauensverhältnis zu Ihren Kunden auf.

3.6.2 Ausblick auf zukünftige rechtliche Entwicklungen

In einer sich rasch verändernden digitalen Landschaft ist es unerlässlich, dass sich auch die rechtlichen Rahmenbedingungen kontinuierlich weiterentwickeln, um sowohl den Schutz der Privatsphäre der Nutzer zu gewährleisten als auch technologische und wirtschaftliche Fortschritte zu fördern. Dieser Abschnitt gibt einen Ausblick auf erwartete Änderungen in der Datenschutzgesetzgebung, insbesondere in Bezug auf die Datenschutz-Grundverordnung (DSGVO), die seit ihrer Einführung im Jahr 2018 die Datenschutzstandards in der Europäischen Union und darüber hinaus maßgeblich geprägt hat.

Erwartete Änderungen in der Datenschutzgesetzgebung

1. Anpassung an neue Technologien: Mit dem Aufkommen neuer Technologien wie Künstlicher Intelligenz, Big Data und dem Internet der Dinge (IoT) stehen Datenschutzgesetze vor neuen Herausforderungen. Es wird erwartet, dass die Gesetzgebung weiterentwickelt wird, um spezifische Vorschriften für die Sammlung, Verarbeitung und Nutzung von Daten durch diese Technologien einzuführen. Dies könnte strengere Vorgaben für die Transparenz der Algorithmen und für die datenschutzfreundliche Gestaltung (Privacy by Design) umfassen.

2. Stärkung der Rechte der betroffenen Personen: Angesichts des wachsenden Bewusstseins der Verbraucher für ihre Datenschutzrechte könnten diese weiter gestärkt werden. Dazu könnten erweiterte Auskunftsrechte und verbesserte Kontrollmöglichkeiten über die eigenen Daten gehören, insbesondere im Hinblick auf automatisierte Entscheidungsfindung und Profiling.

3. Internationale Datenübertragungen: Die Regelungen für internationale Datenübertragungen könnten angesichts der jüngsten Entwicklungen und Unsicherheiten, insbesondere nach dem Schrems II-Urteil des Europäischen Gerichtshofs, einer Überarbeitung unterzogen werden. Es wird erwartet, dass die EU neue Mechanismen entwickelt, die eine sichere und rechtskonforme Übertragung personenbezogener Daten außerhalb der EU sicherstellen.

4. Verstärkte Durchsetzung und höhere Bußgelder: Da die DSGVO vollständig implementiert ist, ist mit einer verstärkten Durchsetzung durch die Aufsichtsbehörden zu rechnen. Dies könnte zu häufigeren Audits, strengeren Kontrollen und höheren Bußgeldern für Verstöße gegen die Datenschutzvorschriften führen.

5. Anpassung an geopolitische Veränderungen: Politische Entwicklungen, wie der Brexit, haben bereits zu Veränderungen in der Datenschutzlandschaft geführt. Zukünftige geopolitische Veränderungen könnten weitere Anpassungen in der Gesetzgebung erforderlich machen, um die Datenflüsse zwischen verschiedenen Rechtsräumen zu regeln.

6. Förderung der Harmonisierung: Trotz der Bemühungen um eine Harmonisierung der Datenschutzstandards innerhalb der EU bestehen weiterhin Unterschiede in der Anwendung der DSGVO zwischen den Mitgliedstaaten. Es wird erwartet, dass die Europäische Kommission weiterhin auf eine stärkere Harmonisierung hinwirken wird, um einen gleichmäßigen Schutzstandard und faire Wettbewerbsbedingungen für Unternehmen in der gesamten EU sicherzustellen.

Diese voraussichtlichen Entwicklungen zeigen, dass Unternehmen flexibel bleiben und die rechtlichen Rahmenbedingungen kontinuierlich im Auge behalten müssen, um sich an die dynamische Datenschutzlandschaft anzupassen. Die proaktive Anpassung an erwartete rechtliche Änderungen kann dabei helfen, sowohl regulatorische Risiken zu minimieren als auch das Vertrauen der Kunden und Nutzer in das Unternehmen zu stärken.

Kapitel 4: Praktische Umsetzung der Kundeneinwilligung

Auf einer lebendigen Messe für Datenschutztechnologie, inmitten des geschäftigen Treibens, stolpert eine junge Marketingmanagerin namens Julia über einen Stand, der das TOLERANT Marketing Permission Management (MPM) System präsentiert. Sie ist auf der Suche nach einer Lösung, um Kundeneinwilligungen effizienter zu verwalten, da ihr Unternehmen kürzlich aufgrund schlecht dokumentierter Einwilligungen in rechtliche Schwierigkeiten geraten war.

Die Aussteller, charmant und wissend, führen Julia durch eine interaktive Präsentation des Systems. Begeistert von der Möglichkeit, Einwilligungen präzise zu verwalten und jederzeit nachweisen zu können, fragt Julia nach einer Live-Demonstration. Der Standmitarbeiter lädt sie ein, an einem Touchscreen eine simulierte Einwilligung durchzuführen. Julia tippt zögerlich ihre Daten ein und drückt auf "Einwilligen", gefolgt von einem verständlichen und leicht zugänglichen Double-Opt-in Bestätigungsprozess.

Plötzlich erscheint eine Fehlermeldung – ein Tippfehler in der E-Mail! Julia und der Aussteller lachen, während er die Korrekturfunktion vorführt. Durch diese kleine Panne erlebt Julia hautnah, wie TOLERANT MPM nicht nur die Einwilligung effizient verwaltet, sondern auch die Datenqualität sichert, was ihre Sorgen um rechtliche Compliance mildert.

Die Demonstration endet, und Julia, nun überzeugt von der Kapazität des Tools, ihre Probleme zu lösen, überlegt, wie sie das System in ihre Marketingstrategie integrieren könnte. Sie verlässt den Stand mit einer Broschüre, einem breiten Lächeln und dem sicheren Gefühl, die Lösung für das Einwilligungsmanagement ihres Unternehmens gefunden zu haben. Dieser Moment der Erleichterung und Zuversicht markiert für sie den Anfang eines neuen Kapitels in der datenschutzkonformen Marketingwelt.

4.1 Strategien zur Gewinnung von Einwilligungen

4.1.1 Identifizierung von Einwilligungschancen

Die Kunst, Kundeneinwilligungen nicht nur rechtlich korrekt, sondern auch effektiv zu gewinnen, beginnt mit einer sorgfältigen Analyse aller Kundenkontaktpunkte und deren Interaktionen. Jeder Berührungspunkt mit dem Kunden, ob digital über Websites und soziale Medien oder physisch in Geschäften und bei Events, birgt potenzielle Chancen zur Einholung von Einwilligungen. Das Verständnis dieser Kontaktpunkte ermöglicht es Unternehmen, ihre Strategien gezielt und wirkungsvoll auszurichten.

Ein erster entscheidender Schritt ist die umfassende Kartierung sämtlicher Interaktionen, die ein Kunde mit der Marke hat. Von der ersten Webseitenaufrufung über den Download eines Whitepapers bis hin zur Registrierung für einen Newsletter – jeder dieser Schritte kann und sollte genutzt werden, um Einwilligungen einzuholen, vorausgesetzt, sie werden klar und verständlich kommuniziert. Die Herausforderung besteht darin, den Kunden genau dort abzuholen, wo er steht, und ihm einen Mehrwert zu bieten, der ihn dazu motiviert, seine Zustimmung zu geben.

Noch entscheidender ist die Identifikation der effektivsten Zeitpunkte für die Einholung dieser Einwilligungen. Timing ist alles. So zeigt sich beispielsweise, dass die Wahrscheinlichkeit für eine Einwilligung direkt nach einem Kauf oder einer Anmeldung, wenn die Kundenzufriedenheit hoch ist, signifikant steigt. In solchen Momenten erleben Kunden oft ein hohes Maß an Engagement und Positivität gegenüber der Marke, was die Bereitschaft erhöht, einer weiteren Kommunikation zuzustimmen.

Ein weiteres wirksames Timing für die Einholung von Einwilligungen ist nach der Bereitstellung eines wertvollen Services, wie z.B. einem hilfreichen Kundensupport oder einer kostenlosen Beratung. In solchen Fällen kann die positive Erfahrung genutzt werden, um eine Zustimmung für zukünftige Kommunikationen zu erhalten. Dabei ist es wesentlich, dass die Kunden genau verstehen, wofür sie ihre Einwilligung geben und welche Vorteile sie daraus ziehen können.

Die systematische Analyse und das strategische Timing sind somit grundlegende Bausteine für erfolgreiche Einwilligungsstrategien. Unternehmen, die diese Aspekte meistern, setzen nicht nur die rechtlichen Anforderungen um, sondern bauen auch eine vertrauensvolle und nachhaltige Beziehung zu ihren Kunden auf.

4.1.2 Methoden zur Einwilligungsgewinnung

In der Ära des digitalen Marketings sind die Methoden zur Gewinnung von Kundeneinwilligungen vielfältig und können je nach Kontext und Zielgruppe angepasst werden. Zu den gängigsten Ansätzen gehören Online-Formulare, E-Mails und direkter Kundenkontakt. Jeder dieser Ansätze bringt spezifische Vor- und Nachteile mit sich, die Unternehmen sorgfältig abwägen sollten, um ihre Strategien effektiv zu gestalten.

Online-Formulare sind ein besonders verbreiteter Ansatz zur Einholung von Einwilligungen. Sie bieten den Vorteil einer nahtlosen

Integration in Websites und Apps, wodurch Nutzer direkt während der Interaktion mit digitalen Inhalten ihre Zustimmung geben können. Ein weiterer Vorteil liegt in der Automatisierung des Prozesses: Einmal eingerichtet, erfordern Online-Formulare wenig Aufwand für die fortlaufende Datenerhebung. Allerdings kann die unpersönliche Natur des Mediums dazu führen, dass Nutzer die Formulare ohne gründliche Lektüre der Datenschutzbedingungen akzeptieren, was die Qualität der Einwilligung mindern kann.

E-Mail-basierte Einwilligungsanfragen bieten den Vorteil, dass sie persönlicher gestaltet werden können, besonders wenn sie auf vorherige Interaktionen des Nutzers abgestimmt sind. Sie erlauben es den Unternehmen, detaillierte Informationen und spezifische Anreize für die Einwilligung zu kommunizieren. Die Herausforderung hierbei ist jedoch die Abhängigkeit von der bereits bestehenden Kontaktbasis und der Effektivität des E-Mail-Marketings, das oft durch hohe Ablehnungsraten und strenge Spam-Filter eingeschränkt wird.

Der **direkte Kundenkontakt**, sei es im Laden, bei einem Event oder durch direkte Kommunikation, kann die persönlichste und wirkungsvollste Methode sein, um Einwilligungen zu erhalten. In persönlichen Gesprächen können Missverständnisse direkt ausgeräumt und der direkte Nutzen einer Einwilligung effektiv vermittelt werden. Dies baut Vertrauen auf und erhöht die Wahrscheinlichkeit einer Zustimmung. Allerdings erfordert dieser Ansatz erhebliche personelle Ressourcen und kann in der Skalierung limitiert sein.

Für Unternehmen ist es essenziell, die Methoden zur Einwilligungsgewinnung nicht nur nach ihrer Effizienz, sondern auch im Hinblick auf die Qualität der Einwilligung und die Kundenerfahrung zu bewerten. Die Wahl der richtigen Methoden sollte sowohl die rechtlichen Anforderungen als auch die spezifischen Erwartungen und Präferenzen der Zielgruppe berücksichtigen, um eine hohe Akzeptanz und Zufriedenheit zu gewährleisten. Effektives Permission Marketing erfordert daher eine sorgfältige Planung und Implementierung der gewählten Einwilligungsmethoden.

4.2 Gestaltung von Einwilligungserklärungen

4.2.1 Rechtliche Anforderungen

Die Gestaltung von Einwilligungserklärungen ist ein kritischer Aspekt im Permission Marketing, der eine sorgfältige Beachtung rechtlicher Vorgaben erfordert. Die rechtlichen Anforderungen sind darauf ausgelegt, die Transparenz und das Verständnis des Nutzers zu gewährleisten, um eine informierte Zustimmung sicherzustellen. Dies umfasst den Einsatz klarer und verständlicher Sprache sowie die Integration aller notwendigen Bestandteile in die Einwilligungserklärung.

Klare und verständliche Sprache ist das Fundament einer rechtlich konformen Einwilligungserklärung. Die Europäische Datenschutz-Grundverordnung (DSGVO) betont, dass Einwilligungen in einer einfachen und leicht zugänglichen Form abgefasst sein müssen. Fachjargon, rechtliche Komplexitäten und unklare Formulierungen sollten vermieden werden, um sicherzustellen, dass auch Personen ohne juristische Vorkenntnisse die Bedeutung und Tragweite ihrer Einwilligung verstehen können. Es empfiehlt sich, kurze Sätze zu verwenden und wichtige Informationen hervorzuheben, um die Lesbarkeit und Verständlichkeit zu verbessern.

Die **notwendigen Bestandteile einer Einwilligungserklärung** umfassen mehrere Elemente, die klar und unmissverständlich kommuniziert werden müssen:

1. **Identität des Verantwortlichen:** Die Erklärung muss Informationen darüber enthalten, wer die Daten sammelt. Dies beinhaltet den Namen und die Kontaktinformationen des Unternehmens.

2. **Zweck der Datenverarbeitung:** Der spezifische Zweck, für den die personenbezogenen Daten verarbeitet werden sollen, muss deutlich gemacht werden. Nutzer sollten genau wissen, warum ihre Daten gesammelt werden und wie sie verwendet werden.

3. **Art der Daten:** Welche Daten gesammelt werden, sollte ebenfalls spezifiziert werden. Ob es sich um Kontaktinformationen, demografische Daten oder Verhaltensdaten handelt, muss klar definiert sein.

4. **Freiwilligkeit der Einwilligung:** Es sollte ausdrücklich darauf hingewiesen werden, dass die Einwilligung freiwillig ist und dass keine Nachteile entstehen, wenn die Einwilligung nicht erteilt oder später widerrufen wird.

5. **Widerrufsrecht:** Die Erklärung muss Informationen darüber enthalten, wie die Einwilligung widerrufen werden kann, und dass der Widerruf der Einwilligung so einfach wie deren Erteilung sein muss.

Indem diese Elemente in der Einwilligungserklärung sorgfältig und klar integriert werden, stellen Unternehmen sicher, dass die rechtlichen Anforderungen erfüllt sind und dass die Vertrauensbasis mit dem Nutzer gestärkt wird. Dies fördert nicht nur die Compliance, sondern auch die Kundenbeziehung, indem es Transparenz und Respekt für die Privatsphäre der Nutzer demonstriert.

4.2.2 Best Practices für die Formulierung

Die Formulierung von Einwilligungserklärungen ist eine Kunst, die Präzision und Klarheit erfordert, um sowohl rechtliche Anforderungen zu erfüllen als auch die Zustimmung der Nutzer zu gewinnen. Best Practices in der Formulierung von Einwilligungstexten und der Einsatz visueller Hilfsmittel spielen eine entscheidende Rolle, um die Verständlichkeit und Wirksamkeit dieser Erklärungen zu steigern.

Beispiele effektiver Einwilligungstexte

Ein effektiver Einwilligungstext beginnt mit einer klaren Überschrift, die sofort Aufmerksamkeit erregt und den Zweck der Nachricht verdeutlicht, wie zum Beispiel: „Stimmen Sie unserem Newsletter zu?". Hier sind einige Musterformulierungen, die sich in der Praxis bewährt haben:

1. **Einführung und Zweck**:

   - „Wir möchten Ihnen gerne Updates und Marketinginformationen zu unseren Produkten und Services senden. Ihre Privatsphäre ist uns wichtig, und wir versichern, dass Ihre Daten sicher aufbewahrt und niemals verkauft werden."

2. **Spezifizierung der Datenverarbeitung**:

   - „Bitte geben Sie uns Ihre E-Mail-Adresse an, damit wir Ihnen unseren monatlichen Newsletter zusenden können. Sie können Ihre Einwilligung jederzeit widerrufen."

3. **Freiwilligkeit der Einwilligung**:

- „Diese Zustimmung ist freiwillig. Sie können Ihre Einwilligung jederzeit ohne Nachteile widerrufen, indem Sie auf den Abmelde-Link klicken, den Sie in jedem Newsletter finden."

4. **Widerrufsrecht**:

- „Wenn Sie Ihre Meinung ändern, können Sie sich jederzeit abmelden. Informationen zum Widerrufen Ihrer Zustimmung sowie unsere Kontaktinformationen finden Sie in unserer Datenschutzrichtlinie."

Einsatz von visuellen Hilfsmitteln zur Steigerung der Verständlichkeit

Visuelle Hilfsmittel können die Nutzererfahrung erheblich verbessern, indem sie komplizierte Informationen zugänglicher und leichter verständlich machen. Folgende visuelle Elemente sind besonders wirkungsvoll:

- **Icons und Symbole**: Ein häkchenförmiges Icon neben Zustimmungsoptionen oder ein Warnsymbol neben Informationen zum Datenschutz können sofort signalisieren, worum es geht, ohne dass Text gelesen werden muss.

- **Infografiken**: Komplexe Datenflüsse oder Verarbeitungsprozesse lassen sich durch Infografiken vereinfachen, die zeigen, wie Daten gesammelt, verwendet und gespeichert werden.

- **Farbkodierungen**: Durch den Einsatz von Farben können wichtige Teile der Einwilligungserklärung hervorgehoben werden, wie z.B. das Widerrufsrecht, wodurch diese Informationen schnell ins Auge fallen.

- **Tooltipps und Mouseover-Informationen**: Für zusätzliche Details können interaktive Elemente eingebaut werden, die weitere Informationen anzeigen, wenn der Nutzer mit der Maus darüber fährt.

Diese Methoden helfen nicht nur dabei, die Rechtskonformität zu wahren, sondern steigern auch das Vertrauen und die Zufriedenheit der Nutzer, indem sie für Transparenz und Verständlichkeit sorgen. Ein gut gestalteter Einwilligungstext, der diese Best Practices nutzt, kann somit eine höhere Akzeptanzrate erzielen und gleichzeitig das Markenimage positiv beeinflussen.

4.3 Technologische Unterstützung bei der Einwilligungsverwaltung

4.3.1 Einsatz von Consent Management Plattformen (CMP)

In der digitalen Marketingwelt, wo Einwilligungen entscheidend für die Legalität der Datenverarbeitung sind, spielen Consent Management Plattformen (CMPs) eine zentrale Rolle. Diese Systeme ermöglichen es Unternehmen, Einwilligungen effizient zu verwalten und zu dokumentieren, was sie zu einem unverzichtbaren Werkzeug in der Einhaltung der Datenschutzgrundverordnung (DSGVO) und anderer Datenschutzgesetze macht.

Funktionen und Vorteile von CMPs

Consent Management Plattformen bieten eine Vielzahl von Funktionen, die darauf ausgerichtet sind, die Einwilligungsverwaltung zu automatisieren und zu vereinfachen. Zu den wichtigsten Funktionen gehört die Fähigkeit, Nutzereinwilligungen in Echtzeit zu erfassen, zu aktualisieren und zu widerrufen. Diese Plattformen stellen sicher, dass alle Nutzerdaten entsprechend ihrer aktuellen Einwilligungsstatus verarbeitet werden, was eine essenzielle Anforderung der DSGVO ist.

Ein weiterer Vorteil von CMPs ist die Transparenz, die sie bieten. Nutzer können jederzeit ihre Einwilligungspräferenzen einsehen und ändern, was das Vertrauen in die Marke stärkt und die Kundenbeziehung verbessert. Zudem ermöglichen CMPs eine detaillierte Berichterstattung und Analyse der Einwilligungshistorie, was für Unternehmen bei Audits und rechtlichen Überprüfungen von unschätzbarem Wert ist.

Integration von CMPs in bestehende Systeme

Die Integration von Consent Management Plattformen in bestehende Systeme ist entscheidend für eine nahtlose Datenverwaltung. CMPs sind in der Regel kompatibel mit einer Vielzahl von Online-Plattformen, einschließlich Websites, mobilen Anwendungen und IoT-Geräten. Durch APIs (Application Programming Interfaces) können diese Plattformen einfach mit CRM-Systemen (Customer Relationship Management), Marketing-Automatisierungssoftware und anderen Datenmanagement-Tools verbunden werden.

Diese Integration ermöglicht es, dass Einwilligungen, die über verschiedene Kanäle und Plattformen gesammelt werden, zentralisiert und synchronisiert werden. Dadurch wird sichergestellt, dass alle Abteilungen eines Unternehmens, von der Marketingabteilung bis zum Kundenservice, auf dem neuesten Stand der Nutzerpräferenzen sind und entsprechend handeln können.

Die Implementierung einer CMP ist somit mehr als nur eine rechtliche Notwendigkeit; sie ist eine strategische Entscheidung, die operative Effizienz steigert, das Risiko von Datenschutzverletzungen minimiert und das Vertrauen der Kunden in die Marke stärkt. Durch die technologische Unterstützung von CMPs können Unternehmen sicherstellen, dass ihre Datenverarbeitungspraktiken den aktuellen Datenschutzbestimmungen nicht nur entsprechen, sondern diese auch effizient und transparent umsetzen.

TOLERANT Marketing Permission Management (MPM) ist so ein System, das Funktionen einer Consent Management Plattform (CMP) bietet. Es ermöglicht Unternehmen, Einwilligungen ihrer Kunden effizient und sicher zu verwalten. Das System ist speziell darauf ausgerichtet, die Einholung, Verwaltung und den Nachweis von Kundeneinwilligungen zu automatisieren und zu erleichtern, was für Marketingaktionen und datenbasierte Interaktionen gemäß Datenschutzvorschriften unerlässlich ist.

TOLERANT MPM sorgt dafür, dass alle Einwilligungen und Datenschutzeinstellungen der Nutzer gemäß der Europäischen Datenschutz-Grundverordnung (DSGVO) und anderen lokalen Datenschutzgesetzen aufgezeichnet, aktualisiert und respektiert werden. Dadurch unterstützt es Unternehmen nicht nur dabei, ihre Compliance-Anforderungen zu erfüllen, sondern auch das Vertrauen ihrer Kunden durch transparente und sichere Datenpraktiken zu stärken.

4.3.2 Automatisierung des Einwilligungsmanagements

Die Automatisierung des Einwilligungsmanagements ist ein entscheidender Aspekt moderner Datenschutzpraktiken, der durch den Einsatz spezifischer Tools und Softwarelösungen ermöglicht wird. Diese Technologien bieten nicht nur eine effiziente Handhabung der Datenverarbeitungsgenehmigungen, sondern auch eine wesentliche Unterstützung sowohl für Marketingstrategien als auch für die Einhaltung gesetzlicher Datenschutzvorschriften.

Tools und Softwarelösungen zur Automatisierung

Moderne Consent Management Plattformen (CMPs) wie TOLERANT MPM sind Beispiele für Tools, die speziell entwickelt wurden, um die Prozesse des Einwilligungsmanagements zu automatisieren. Diese Systeme bieten Funktionen, die von der einfachen Einholung und Speicherung von Einwilligungen bis hin zur umfassenden Verwaltung und Berichterstattung reichen. Weitere Beispiele für Tools sind CRM-Systeme, die erweitert wurden, um Einwilligungsstatus zu verwalten, sowie spezialisierte Datenschutz-Management-Software, die hilft, die Einhaltung der DSGVO und anderer Datenschutzgesetze sicherzustellen.

Diese Tools sind häufig cloud-basiert und bieten durch APIs die Möglichkeit, sie nahtlos in bestehende digitale Ökosysteme zu integrieren. Sie können so konfiguriert werden, dass sie automatisch auf Änderungen in der Gesetzgebung reagieren und entsprechende Anpassungen in den Einwilligungserklärungen und Datenschutzrichtlinien vornehmen.

Vorteile der Automatisierung für Marketing und Compliance

Die Automatisierung des Einwilligungsmanagements bringt erhebliche Vorteile mit sich. Für das Marketing ermöglicht sie eine präzise Segmentierung der Zielgruppen basierend auf deren Einwilligungsstatus, was die Effektivität von Kampagnen steigert und das Risiko von Verstößen gegen Datenschutzbestimmungen reduziert. Marketingteams können sicher sein, dass sie Nachrichten nur an diejenigen senden, die ihre Zustimmung gegeben haben, was nicht nur die Relevanz der Kommunikation erhöht, sondern auch das Vertrauen der Kunden stärkt.

Aus Compliance-Sicht ist die Automatisierung unerlässlich. Sie sorgt für eine lückenlose Dokumentation aller Einwilligungen und deren Historie, was bei eventuellen Prüfungen durch Aufsichtsbehörden als Nachweis dient. Automatisierte Systeme reduzieren das Risiko menschlicher Fehler, indem sie sicherstellen, dass alle Datenverarbeitungsaktivitäten auf der Grundlage gültiger Einwilligungen durchgeführt werden. Dies ist besonders wichtig in einer Zeit, in der die Datenschutzvorschriften zunehmend strenger werden und die Bußgelder für Verstöße steigen.

Insgesamt ermöglicht die Automatisierung des Einwilligungsmanagements Unternehmen, ihre Ressourcen effizienter zu nutzen, indem zeitaufwendige manuelle Prozesse eliminiert werden. Dies führt zu einer höheren Datenqualität, verbessert die Kundenerfahrung und stärkt die Rechtskonformität, was für Unternehmen in der heutigen datengetriebenen Welt von unschätzbarem Wert ist.

4.4 Verwaltung und Dokumentation von Einwilligungen

4.4.1 Einwilligungsdatenbanken und -protokolle

Die korrekte Verwaltung und Dokumentation von Kundeneinwilligungen sind fundamentale Bausteine für die Einhaltung der Datenschutzbestimmungen und eine effiziente Datenverwaltung. Durch den Einsatz von Einwilligungsdatenbanken und -protokollen können Unternehmen sicherstellen, dass die gesammelten Einwilligungen jederzeit nachvollziehbar, zugänglich und sicher sind.

Aufbau und Verwaltung von Einwilligungsdatenbanken

Einwilligungsdatenbanken dienen dazu, sämtliche Einwilligungen, die ein Unternehmen von seinen Nutzern erhält, systematisch zu erfassen und zu verwalten. Der Aufbau einer solchen Datenbank sollte so gestaltet sein, dass jede Einwilligung eindeutig einem Nutzer zugeordnet werden kann und alle relevanten Informationen wie Datum der Einwilligung, Art der zugestimmten Nutzung und spezifische Nutzerdaten, die für die jeweilige Einwilligung relevant sind, gespeichert werden.

Bei der Verwaltung dieser Datenbanken ist es entscheidend, dass regelmäßige Updates durchgeführt werden, um Änderungen in den Einwilligungsstatus der Nutzer zeitnah zu erfassen. Dies kann manuell geschehen, indem Nutzeranfragen zur Aktualisierung ihrer Einwilligungen bearbeitet werden, oder automatisiert über integrierte Systeme, die Änderungen direkt über Nutzerinteraktionen auf digitalen Plattformen erkennen und umsetzen.

Sicherheitsaspekte und Datenschutzpraktiken

Der Schutz und die Sicherheit der in den Einwilligungsdatenbanken gespeicherten Daten sind von höchster Wichtigkeit. Unternehmen müssen sicherstellen, dass die Datenbanken durch moderne Sicherheitstechnologien geschützt sind, einschließlich Verschlüsselung der Daten während der Übertragung und Speicherung sowie regelmäßige Sicherheitsaudits und Penetrationstests, um Schwachstellen zu identifizieren und zu beheben.

Zudem sollten Zugriffsrechte streng kontrolliert werden. Nur autorisiertes Personal mit relevanten Datenschutzschulungen sollte Zugang zu den Einwilligungsdatenbanken haben, um sicherzustellen, dass die Daten ausschließlich für die vorgesehenen Zwecke verwendet und nicht unrechtmäßig offengelegt oder verarbeitet werden.

Datenschutzpraktiken wie die Pseudonymisierung und Anonymisierung von Nutzerdaten können ebenfalls implementiert werden, um die Risiken bei möglichen Datenverletzungen zu minimieren. Diese Methoden helfen, die Identifikation der Nutzer zu verhindern, falls Daten unbefugt eingesehen werden.

Abschließend ist es für Unternehmen unabdingbar, die Einwilligungsverwaltung nach den Prinzipien der Datenschutz-Grundverordnung (DSGVO) und anderen relevanten Datenschutzgesetzen zu gestalten. Dies schließt eine klare und transparente Kommunikation über die Nutzung der Nutzerdaten, das Recht der Nutzer, ihre Einwilligung jederzeit zu widerrufen, sowie die einfache Möglichkeit zur Aktualisierung ihrer Präferenzen ein. Durch die sorgfältige Verwaltung und Dokumentation der Einwilligungen können Unternehmen nicht nur rechtliche Vorgaben erfüllen, sondern auch das Vertrauen ihrer Kunden stärken.

4.4.2 Nachweis der Einwilligung

Der Nachweis der Einwilligung ist eine rechtliche Notwendigkeit, die Unternehmen ermöglicht, zu belegen, dass sie die Zustimmung ihrer Nutzer für die Verarbeitung personenbezogener Daten ordnungsgemäß erhalten haben. Dieser Nachweis ist insbesondere wichtig, um Compliance mit Datenschutzregelungen wie der DSGVO zu gewährleisten und bei Überprüfungen durch Aufsichtsbehörden oder im Falle von Beschwerden reaktionsfähig zu sein.

Methoden zur sicheren Speicherung und zum schnellen Abruf von Einwilligungsbelegen

Die sichere Speicherung von Einwilligungsbelegen ist entscheidend, um die Integrität und Vertraulichkeit der Daten zu gewährleisten. Ein effektiver Ansatz ist die Nutzung verschlüsselter Datenbanken, die den Zugriff auf die gespeicherten Informationen streng limitieren. Verschlüsselung sorgt dafür, dass Einwilligungsdaten auch bei einem Datenleck nicht ohne weiteres von Unbefugten eingesehen werden können.

Darüber hinaus sollten Einwilligungsbelege so organisiert werden, dass sie schnell abrufbar sind. Dies kann durch den Einsatz von Content-Management-Systemen (CMS) oder spezialisierten Compliance-Management-Systemen erreicht werden, die eine indexierte Speicherung der Daten ermöglichen. Solche Systeme erleichtern die Suche und den Abruf spezifischer Einwilligungsbelege durch Funktionen wie Tagging oder kategorisierte Ablagesysteme.

Umgang mit Anfragen von Aufsichtsbehörden

Im Umgang mit Anfragen von Aufsichtsbehörden ist eine proaktive und transparente Vorgehensweise essenziell. Unternehmen sollten in der Lage sein, auf Anfragen schnell und umfassend zu reagieren, indem sie die relevanten Einwilligungsbelege zusammen mit einer Dokumentation der entsprechenden Datenverarbeitungsaktivitäten vorlegen.

Es empfiehlt sich, regelmäßige Audits und Reviews der gespeicherten Einwilligungsbelege durchzuführen, um die Aktualität und Vollständigkeit der Dokumentation zu gewährleisten. Die Einrichtung eines standardisierten Protokolls für den Umgang mit behördlichen Anfragen kann ebenfalls dazu beitragen, dass alle Anfragen konsistent und im Einklang mit den gesetzlichen Anforderungen behandelt werden.

Die Etablierung klarer Verfahren für die Dokumentation und den Nachweis von Einwilligungen sowie für den Umgang mit Anfragen von Aufsichtsbehörden stärkt nicht nur die Rechtskonformität, sondern auch das Vertrauen der Nutzer und der Regulierungsbehörden in die Datenschutzpraktiken des Unternehmens. Durch die Implementierung robuster Systeme und Praktiken zur Verwaltung von Einwilligungen können Unternehmen ihre Datenverarbeitungsaktivitäten effektiv absichern und gleichzeitig ihre Rechenschaftspflicht erfüllen.

4.5 Widerruf von Einwilligungen

Der Widerruf von Einwilligungen ist ein zentraler Bestandteil der Datenschutzrechte der Nutzer. Er ermöglicht es Personen, ihre Zustimmung zur Datenverarbeitung, die sie zuvor einem Unternehmen gegeben haben, jederzeit zurückzuziehen. Die Einrichtung klarer, einfacher und effizienter Prozesse für den Widerruf von Einwilligungen ist nicht nur eine gesetzliche Anforderung, sondern auch ein wesentlicher Aspekt des Vertrauensmanagements zwischen Unternehmen und Kunden.

4.5.1 Prozesse zum Widerruf

Einrichtung einfacher und verständlicher Widerrufsmechanismen

Die Gestaltung des Widerrufsprozesses sollte sich durch Einfachheit und Nutzerfreundlichkeit auszeichnen. Unternehmen müssen sicherstellen, dass die Mechanismen zum Widerruf leicht zugänglich und nicht weniger einfach zu bedienen sind als die Mechanismen zur Erteilung der Einwilligung. Beispiele für solche Mechanismen umfassen:

- **Widerrufslink in E-Mails**: In jeder kommunikativen E-Mail, die auf der Grundlage einer Einwilligung gesendet wird, sollte ein deutlich sichtbarer Link oder Button enthalten sein, der den Nutzern ermöglicht, ihre Einwilligung mit nicht mehr als zwei Klicks zu widerrufen.
- **Einstellungen im Nutzerkonto**: Nutzern sollte die Möglichkeit gegeben werden, ihre Einwilligungspräferenzen direkt in ihren Kontoeinstellungen auf der Website oder in der App des Unternehmens zu verwalten und zu ändern.
- **Direkter Kontakt**: Die Bereitstellung einer einfachen Möglichkeit für Nutzer, über Telefon, E-Mail oder Live-Chat mit einem Kundendienstmitarbeiter in Kontakt zu treten, um Einwilligungen zu widerrufen.

Kommunikation und Dokumentation des Widerrufsprozesses

Die klare Kommunikation darüber, wie Einwilligungen widerrufen werden können, ist entscheidend. Nutzer müssen über ihre Rechte und die entsprechenden Prozesse informiert werden. Diese Informationen sollten leicht auffindbar sein, beispielsweise auf der Datenschutzseite der Website, in den FAQs und innerhalb der Nutzungsbedingungen.

Die Dokumentation des Widerrufs ist ebenfalls von entscheidender Bedeutung. Jeder Widerruf sollte umgehend in den Systemen des Unternehmens vermerkt werden, um sicherzustellen, dass keine weiteren Datenverarbeitungen auf Basis der zurückgezogenen Einwilligung stattfinden. Zudem sollte der Zeitpunkt des Widerrufs, die betroffenen Daten und die Art der ursprünglichen Einwilligung klar dokumentiert werden, um Compliance zu gewährleisten und als Nachweis bei eventuellen Prüfungen durch Aufsichtsbehörden zu dienen.

Die Einrichtung robuster, transparenter und benutzerfreundlicher Widerrufsmechanismen sowie deren effektive Kommunikation und Dokumentation sind essentielle Schritte, um die Rechte der Nutzer zu wahren und das Vertrauen in die Datenschutzpraktiken des Unternehmens zu stärken.

4.5.2 Folgen des Widerrufs

Der Widerruf einer Einwilligung durch eine Person hat weitreichende Konsequenzen für die Verarbeitung ihrer personenbezogenen Daten. Unternehmen müssen sowohl die rechtlichen als auch die praktischen Implikationen dieses Schrittes verstehen und angemessen darauf reagieren. Dies umfasst den Umgang mit den Daten nach einem Widerruf sowie die Auswirkungen auf laufende und geplante Marketingaktivitäten.

Umgang mit Daten nach einem Widerruf

Nach dem Widerruf einer Einwilligung sind Unternehmen verpflichtet, die Verwendung der betroffenen Daten für die Zwecke, für die die Einwilligung erteilt wurde, unverzüglich einzustellen. Die praktische Umsetzung dieses Schrittes erfordert:

- **Deaktivierung der Daten**: Alle personenbezogenen Daten, die auf der Grundlage der widerrufenen Einwilligung gesammelt wurden, müssen in den Systemen des Unternehmens so markiert werden, dass sie nicht weiter für die ursprünglich zugestimmten Zwecke verwendet werden.

- **Überprüfung der Datenbasis**: Unternehmen müssen ihre Datenbestände regelmäßig überprüfen, um sicherzustellen, dass keine Daten irrtümlich weiterverwendet werden, deren Einwilligung widerrufen wurde.
- **Löschung der Daten**: Sofern keine gesetzliche Aufbewahrungspflicht besteht oder die Daten nicht auf Grundlage einer anderen rechtmäßigen Basis verarbeitet werden dürfen, sollten die Daten gelöscht werden. Dies stellt sicher, dass das Unternehmen die Datenschutzbestimmungen einhält und das Vertrauen der Nutzer in seine Datenschutzpraktiken aufrechterhält.

Rechtliche und praktische Auswirkungen auf laufende Marketingaktivitäten

Der Widerruf einer Einwilligung beeinflusst maßgeblich die Art und Weise, wie Unternehmen ihre Marketingstrategien ausführen. Rechtlich gesehen müssen alle laufenden Aktivitäten, die sich auf die verarbeiteten Daten stützen, angepasst oder gestoppt werden:

- **Anpassung von Marketingkampagnen**: Marketingkampagnen, die auf der Nutzung persönlicher Daten basieren, müssen umgehend angepasst werden, um sicherzustellen, dass keine Daten von Personen verwendet werden, die ihre Einwilligung widerrufen haben.
- **Risikomanagement**: Unternehmen müssen Risiken bewerten und managen, die durch den Widerruf von Einwilligungen entstehen, insbesondere in Bezug auf die Rechtskonformität und potenzielle Reputationsrisiken.
- **Kommunikation mit betroffenen Nutzern**: Es ist entscheidend, dass Unternehmen klar und transparent mit Nutzern kommunizieren, die ihre Einwilligung widerrufen haben. Sie

sollten über die getroffenen Maßnahmen und die Auswirkungen des Widerrufs auf ihre Daten informiert werden.

Die korrekte Handhabung des Widerrufs von Einwilligungen stärkt nicht nur die Rechtskonformität und das Risikomanagement, sondern dient auch als wichtiger Beitrag zur Kundenbeziehung und -bindung. Unternehmen, die proaktiv und transparent agieren, können das Vertrauen der Nutzer in ihre Datenschutzpraktiken festigen und somit langfristig ihre Marktposition stärken.

4.6 Schulung und Sensibilisierung der Mitarbeiter

In der datengesteuerten Geschäftswelt spielt die Schulung und Sensibilisierung der Mitarbeiter hinsichtlich des Datenschutzes eine entscheidende Rolle. Die korrekte Handhabung personenbezogener Daten und das Verständnis für die rechtlichen Rahmenbedingungen sind nicht nur für die Compliance essenziell, sondern auch für den Schutz und das Vertrauen der Kunden.

4.6.1 Bedeutung der Mitarbeiterbildung

Die Schulung der Mitarbeiter in Datenschutzfragen trägt wesentlich dazu bei, das Bewusstsein für die Bedeutung des Datenschutzes zu schärfen und das Risiko von Datenpannen zu minimieren. Durch gezielte Bildungsmaßnahmen können Mitarbeiter dazu befähigt werden, datenschutzrechtliche Bestimmungen im täglichen Arbeitsablauf korrekt umzusetzen und potenzielle Risiken frühzeitig zu erkennen.

Rolle der Mitarbeiterschulungen in der Datenschutz-Compliance

Effektive Mitarbeiterschulungen sind ein fundamentaler Bestandteil der Datenschutz-Compliance eines Unternehmens. Sie stellen sicher, dass alle Mitarbeiter, insbesondere jene, die direkt mit der Verarbeitung personenbezogener Daten betraut sind, die relevanten Datenschutzgesetze und -richtlinien kennen und verstehen. Dies umfasst Kenntnisse über die DSGVO, das Bundesdatenschutzgesetz (BDSG) sowie andere relevante Datenschutzvorschriften, die je nach Standort und Geschäftsbereich des Unternehmens gelten können.

Entwickeln effektiver Schulungsprogramme

Die Entwicklung eines effektiven Schulungsprogramms für Datenschutz sollte auf die spezifischen Bedürfnisse des Unternehmens und seiner Mitarbeiter abgestimmt sein. Folgende Elemente sind dabei von zentraler Bedeutung:

- **Bedarfsanalyse**: Bevor ein Schulungsprogramm entwickelt wird, sollte eine genaue Analyse der Schulungsbedürfnisse durchgeführt werden. Dabei wird ermittelt, welche Abteilungen und Mitarbeitergruppen besonderen Schulungsbedarf haben.
- **Modularer Aufbau**: Ein modular aufgebautes Schulungsprogramm ermöglicht es, spezifische Inhalte auf die jeweiligen Bedürfnisse und Vorkenntnisse der Mitarbeiter abzustimmen. So können Grundlagen des Datenschutzes für alle Mitarbeiter und vertiefende Module für spezialisierte Teams angeboten werden.
- **Praxisnahe Schulungen**: Die Schulungsinhalte sollten praxisnah gestaltet sein, um den Transfer des Gelernten in den

Arbeitsalltag zu erleichtern. Rollenspiele, Fallstudien und interaktive Quizformate können dabei helfen, das Interesse und die aktive Teilnahme der Mitarbeiter zu fördern.

- **Regelmäßige Auffrischung**: Datenschutz ist ein dynamisches Feld, das regelmäßige Updates erfordert. Daher sollten Schulungsprogramme nicht einmalig, sondern in regelmäßigen Abständen wiederholt werden, um aktuelle Entwicklungen und Änderungen der Rechtslage zu integrieren.

Durch die Investition in die Datenschutzschulung der Mitarbeiter können Unternehmen nicht nur ihre rechtlichen Verpflichtungen erfüllen, sondern auch eine Unternehmenskultur fördern, die den Datenschutz als wichtigen Wert betrachtet. Dies stärkt nicht nur die interne Compliance, sondern auch das Vertrauen der Kunden und Partner in das Unternehmen.

4.6.2 Inhalte und Methoden der Schulung

Die Effektivität von Datenschutzschulungen hängt wesentlich von den vermittelten Inhalten und den eingesetzten Lehrmethoden ab. Ein zielgerichtetes Schulungsprogramm muss sowohl fundierte Kenntnisse über gesetzliche Anforderungen wie die DSGVO als auch praktische Anwendungsfähigkeiten im Umgang mit Kundeneinwilligungen vermitteln. Die Methoden der Wissensvermittlung sollten dabei so gewählt werden, dass sie das Engagement und die aktive Beteiligung der Mitarbeiter fördern.

Vermittlung von Kenntnissen über die DSGVO und Kundeneinwilligungen

Grundlegendes Ziel der Schulungen ist es, Mitarbeitern ein tiefes Verständnis der Datenschutz-Grundverordnung (DSGVO) zu vermitteln. Dies umfasst:

- **Überblick über die DSGVO**: Klärung der grundlegenden Prinzipien, Ziele und des Anwendungsbereichs der Verordnung.
- **Rechte der betroffenen Personen**: Erläuterung der Rechte, die Individuen unter der DSGVO haben, wie das Recht auf Zugang, Berichtigung, Löschung und Widerspruch.
- **Pflichten der Unternehmen**: Detaillierte Darstellung der Verpflichtungen, die Unternehmen unter der DSGVO haben, einschließlich der Anforderungen an die Datenverarbeitung und -sicherheit sowie der Meldepflichten bei Datenpannen.
- **Spezifika der Kundeneinwilligungen**: Tiefergehende Betrachtung der Vorschriften zur Einwilligung, einschließlich der Anforderungen an eine gültige Einwilligung, der Freiwilligkeit und der spezifischen Informationspflichten.

Anwendungsszenarien und interaktive Lernansätze

Um das Erlernte zu vertiefen und den Transfer in die Praxis zu erleichtern, sollten Schulungen interaktive Elemente und praktische Anwendungsszenarien beinhalten:

- **Fallstudien**: Durch die Bearbeitung realer oder hypothetischer Fallstudien können Mitarbeiter lernen, wie die Prinzipien der DSGVO in verschiedenen Situationen angewendet werden. Diese Methode hilft, theoretisches Wissen zu festigen und gibt Einblick in die Komplexität realweltlicher Datenverarbeitungsszenarien.
- **Rollenspiele**: Simulation von Gesprächen oder Entscheidungssituationen, in denen Mitarbeiter üben können, wie sie auf Anfragen bezüglich der Datenverarbeitung reagieren oder wie sie eine Einwilligung korrekt einholen und dokumentieren.

- **Interaktive Workshops**: Workshops, in denen Mitarbeiter aktiv an der Lösung von Aufgaben arbeiten, fördern das praktische Verständnis und die Fähigkeit, das Gelernte auf die eigene Arbeitssituation anzuwenden.
- **E-Learning-Module**: Digitale Lernplattformen, die interaktive Inhalte, Quizze und Lernspiele anbieten, unterstützen den selbstgesteuerten Lernprozess und ermöglichen eine flexible Anpassung an individuelle Lerngeschwindigkeiten.

Die Kombination aus fundierter Wissensvermittlung und interaktiven Lernmethoden macht Datenschutzschulungen nicht nur informativ, sondern auch ansprechend und praxisnah. Dies steigert die Motivation der Mitarbeiter, sich mit dem wichtigen Thema des Datenschutzes auseinanderzusetzen und fördert ein Datenschutzbewusstsein, das über die bloße Compliance hinausgeht.

4.7 Zusammenfassung und Checklisten

Eine effektive Einwilligungspraxis ist für Unternehmen unerlässlich, um die Vertrauenswürdigkeit ihrer Marken zu bewahren und die Einhaltung der Datenschutzvorschriften zu gewährleisten. Dieser Abschnitt fasst die Schlüsselaspekte und Maßnahmen zusammen, die für eine umfassende und compliant-gerechte Einwilligungspraxis entscheidend sind.

4.7.1 Wichtige Punkte zur Einwilligungspraxis

Die Einhaltung der rechtlichen Rahmenbedingungen und die Sicherstellung einer transparenten Kommunikation sind grundlegend für eine erfolgreiche Einwilligungspraxis. Die folgenden Punkte bieten eine Zusammenfassung der wesentlichen Aspekte, die Unternehmen berücksichtigen sollten:

- **Klare und verständliche Kommunikation**: Jede Einwilligung muss in einer klaren und leicht verständlichen Sprache formuliert sein. Vermeiden Sie Fachjargon und stellen Sie sicher, dass die Zustimmung bewusst und informiert erfolgt.
- **Freiwilligkeit gewährleisten**: Stellen Sie sicher, dass die Einwilligung freiwillig erfolgt, ohne jeglichen Druck oder negative Konsequenzen für die Betroffenen, falls sie sich entscheiden, diese nicht zu erteilen.
- **Spezifische und informierte Zustimmung**: Die Einwilligung sollte immer spezifisch für den vorgesehenen Verwendungszweck der Daten sein und alle relevanten Informationen sollten transparent gemacht werden, einschließlich der Datenverwendung, der Datenübertragung und der Dauer der Datenspeicherung.
- **Einfacher Widerruf der Einwilligung**: Bieten Sie eine einfache und unkomplizierte Methode, mit der Nutzer ihre Einwilligung jederzeit widerrufen können. Der Prozess des Widerrufs sollte genauso einfach sein wie der der Einwilligung.
- **Dokumentation und Verwaltung der Einwilligungen**: Führen Sie akkurate Aufzeichnungen über alle erteilten, geänderten und widerrufenen Einwilligungen. Nutzen Sie technologische Lösungen wie Consent Management Plattformen, um die Daten effizient zu verwalten und bei Bedarf schnell darauf zugreifen zu können.
- **Regelmäßige Überprüfung und Anpassung**: Überprüfen Sie Ihre Einwilligungspraktiken regelmäßig auf ihre Aktualität und Compliance, besonders in Bezug auf Änderungen in den Datenschutzgesetzen und -vorschriften.
- **Schulung der Mitarbeiter**: Stellen Sie sicher, dass alle Mitarbeiter, die in die Datenerhebung und -verarbeitung involviert sind, regelmäßig geschult werden, um die Bedeutung

und korrekte Handhabung von Kundeneinwilligungen zu verstehen.

Diese Zusammenfassung und die darauf basierenden Checklisten dienen als Leitfaden für Unternehmen, um eine robuste und gesetzeskonforme Einwilligungspraxis zu etablieren, die das Vertrauen der Nutzer stärkt und das Risiko von Datenschutzverletzungen minimiert.

4.7.2 Checklisten für die Praxis

Checklisten sind unverzichtbare Werkzeuge für Unternehmen, um die Einhaltung der Datenschutzbestimmungen zu gewährleisten und effiziente Einwilligungsprozesse zu etablieren. Sie dienen als praktische Hilfsmittel, die sicherstellen, dass alle notwendigen Schritte zur Einholung, Verwaltung und Dokumentation von Einwilligungen systematisch überprüft und umgesetzt werden. Hier sind spezifische Punkte, die in einer solchen Checkliste für Einwilligungsprozesse enthalten sein sollten:

Checkliste für die Einwilligungspraxis

1. ***Einwilligung klar formulieren:***

   - *Ist die Einwilligungserklärung in einer klaren und verständlichen Sprache verfasst?*
   - *Werden alle spezifischen Zwecke, für die die Daten verwendet werden, eindeutig angegeben?*

2. ***Freiwilligkeit sicherstellen:***

- *Wird explizit kommuniziert, dass die Einwilligung freiwillig ist?*
- *Gibt es alternative Möglichkeiten, Dienste zu nutzen, ohne dass eine Einwilligung erforderlich ist?*

3. ***Widerrufsrecht klar kommunizieren****:*

- *Ist der Prozess für den Widerruf der Einwilligung einfach und verständlich erklärt?*
- *Werden Nutzer darauf hingewiesen, wie sie ihre Einwilligung jederzeit widerrufen können?*

4. ***Datenschutzkonforme Technologien verwenden****:*

- *Werden Consent Management Plattformen (CMPs) oder ähnliche Tools eingesetzt, um Einwilligungen zu verwalten und zu dokumentieren?*
- *Erfüllen diese Systeme die aktuellen Datenschutzanforderungen?*

5. ***Dokumentationsverfahren überprüfen****:*

- *Werden alle Einwilligungen und deren Änderungen akkurat dokumentiert?*
- *Sind die Aufzeichnungen sicher gespeichert und vor unberechtigtem Zugriff geschützt?*

6. ***Schulungen für Mitarbeiter****:*

- *Werden regelmäßige Schulungen für alle relevanten Mitarbeiter angeboten?*
- *Sind die Schulungsinhalte aktuell und decken sie alle relevanten Datenschutzthemen ab?*

7. ***Überprüfung und Anpassung****:*

- *Wird der Einwilligungsprozess regelmäßig auf seine Wirksamkeit und Compliance überprüft?*
- *Werden Anpassungen vorgenommen, um auf Veränderungen in der Gesetzgebung oder in den technischen Anforderungen zu reagieren?*

Durch die Implementierung dieser Checkliste in regelmäßigen Abständen kann ein Unternehmen sicherstellen, dass seine Einwilligungspraktiken nicht nur den rechtlichen Anforderungen entsprechen, sondern auch das Vertrauen und die Zufriedenheit der Nutzer fördern. Solche Checklisten helfen, konsistente und transparente Verfahren zu etablieren, die letztlich das Risiko von Compliance-Verstößen reduzieren und die Integrität des Unternehmens in der Handhabung personenbezogener Daten stärken.

Kapitel 5: Datenschutzkonforme Technologien im Marketing

In einer turbulenten Welt der Technologie und des Marketings steht Emma Müller, die Datenschutzbeauftragte eines florierenden Online-Einzelhandelsunternehmens, vor einer Herausforderung. Ihre Aufgabe ist es, die neue Marketingkampagne nicht nur innovativ und ansprechend zu gestalten, sondern auch sicherzustellen, dass sie in vollständiger Übereinstimmung mit der DSGVO steht. Die Kampagne soll über mehrere digitale Kanäle laufen, was die Komplexität erhöht.

Eines Morgens, während einer besonders hektischen Teamsitzung, präsentiert der Marketingleiter enthusiastisch eine neue, datengetriebene Strategie, die personalisierte Kundenansprachen über soziale Medien und E-Mail-Marketing beinhaltet. Emma, die stets auf dem schmalen Grat zwischen Marketinginnovationen und Datenschutz wandelt, erkennt sofort das Risiko: Die vorgeschlagene Nutzung von Kundendaten könnte ohne die richtigen technologischen Sicherheitsmaßnahmen leicht gegen die DSGVO verstoßen.

Anstatt die Idee jedoch sofort abzulehnen, schlägt Emma eine Lösung vor: den Einsatz einer fortschrittlichen Consent Management Plattform (CMP), die in der Lage ist, Einwilligungen präzise zu verwalten und datenschutzkonforme Profile zu erstellen. Sie erklärt, wie diese Technologie es ermöglicht, die Einwilligung der Kunden nahtlos und transparent zu erfassen, was nicht nur die Compliance sichert, sondern auch das Vertrauen der Kunden stärkt.

Das Marketingteam ist anfangs skeptisch, doch Emma lädt einen Experten für CMP-Technologie ein, der eine Demo präsentiert. Die Plattform zeigt, wie Einwilligungen in Echtzeit erfasst und verwaltet werden können, und wie Marketingspezialisten sichere, zielgerichtete Kampagnen erstellen können, ohne jemals gegen Datenschutzgesetze zu verstoßen.

Begeistert von der Einfachheit und Effektivität der Lösung, stimmt das Team zu, die neue Technologie zu implementieren. Die Kampagne wird ein riesiger Erfolg, nicht nur in Bezug auf Kundenengagement und Umsatz, sondern auch als Vorzeigeprojekt für datenschutzkonformes Marketing.

Emma Müller wird nicht nur zur Heldin in ihrem Unternehmen, sondern auch zu einer gefragten Rednerin auf Branchenkonferenzen, wo sie über den erfolgreichen Spagat zwischen Marketinginnovation und Datenschutz spricht. Ihre Geschichte verdeutlicht, dass Datenschutz und Marketing keine Gegensätze sein müssen, sondern durch den Einsatz der richtigen Technologien harmonisch und erfolgreich zusammenarbeiten können.

5.1 Einsatz und Vorteile von Datenschutz-Technologien

5.1.1 Überblick über relevante Datenschutz-Technologien

Unternehmen sind heute gezwungen, fortschrittliche Datenschutz-Technologien zu implementieren, um sowohl die Sicherheit als auch die Einhaltung gesetzlicher Vorgaben zu gewährleisten. Dies führt uns zu einem Überblick über relevante Datenschutz-Technologien, die insbesondere die drei Grundpfeiler Verschlüsselung, Anonymisierung und Pseudonymisierung umfassen.

Verschlüsselung ist eine der grundlegendsten und wirksamsten Methoden, um Daten vor unbefugtem Zugriff zu schützen. Sie wandelt die ursprünglichen Daten in eine Form um, die ohne den entsprechenden Schlüssel nicht lesbar ist. Diese Technik ist besonders wichtig für die Übertragung sensibler Informationen über das Internet oder das Speichern solcher Daten auf unsicheren Medien.

Anonymisierung entfernt alle persönlich identifizierbaren Informationen aus den Datensätzen. Dies macht es unmöglich, die Daten wieder einer bestimmten Person zuzuordnen, was für die Analyse von Trends und Mustern ohne Risiko der Privatsphäreverletzung genutzt werden kann.

Pseudonymisierung ist eine ähnliche Technik, bei der identifizierbare Daten durch ein Pseudonym ersetzt werden, wodurch der Bezug zur Identität der Person ohne zusätzliche Informationen, die separat gespeichert werden, nicht herstellbar ist.

Neben diesen Technologien gibt es eine Vielzahl spezifischer Tools und Softwarelösungen, die zur weiteren Sicherung von Daten beitragen. Beispielsweise bietet der Markt Software für das Compliance Screening und das Permission Management, die sicherstellen, dass Unternehmen nur die Daten verarbeiten, für die sie eine explizite Erlaubnis haben. Solche Systeme sind nicht nur aus rechtlicher Sicht unerlässlich, sondern auch um das Vertrauen der Kunden zu gewinnen und zu erhalten.

Der Einsatz dieser Technologien bietet zahlreiche Vorteile. Neben der offensichtlichen Verbesserung der Datensicherheit unterstützen sie Unternehmen dabei, das Vertrauen der Nutzer zu stärken und sich als verantwortungsbewusste Akteure am Markt zu positionieren. Weiterhin ermöglichen sie es Unternehmen, datenschutzkonforme Marketingstrategien zu entwickeln, die die Privatsphäre der Nutzer respektieren und gleichzeitig effektive Geschäftsergebnisse liefern.

Indem Unternehmen fortschrittliche Datenschutztechnologien einsetzen, können sie sich also nicht nur rechtlich absichern, sondern auch eine starke Position im Wettbewerb um das Vertrauen der Kunden sichern. Dies ist besonders in einer Zeit wichtig, in der Datenschutzverletzungen und -bedenken zunehmen und die Öffentlichkeit zunehmend sensibler auf diese Themen reagiert.

5.1.2 Vorteile der Nutzung von Datenschutz-Technologien

Die digitale Revolution hat zu einem exponentiellen Wachstum an Datensammlung und -verarbeitung geführt, was Unternehmen vor zahlreiche Herausforderungen stellt, insbesondere in Bezug auf Datenschutz und Datensicherheit. Die Implementierung fortschrittlicher Datenschutz-Technologien bietet jedoch nicht nur Lösungen für diese Herausforderungen, sondern bringt auch erhebliche Vorteile mit sich. Zwei der wichtigsten Vorteile sind die Verbesserung der Datenqualität und -sicherheit sowie die Steigerung des Vertrauens bei Kunden und Stakeholdern.

Verbesserung der Datenqualität und -sicherheit

Der Einsatz von Datenschutz-Technologien wie Verschlüsselung, Anonymisierung und Pseudonymisierung trägt wesentlich zur Sicherung der Integrität und Vertraulichkeit von Daten bei. Verschlüsselung schützt Daten vor unbefugtem Zugriff, auch wenn diese Daten kompromittiert werden sollten, während Anonymisierung und Pseudonymisierung sicherstellen, dass persönliche Daten nicht mit individuellen Benutzern verknüpft werden können, es sei denn, dies ist ausdrücklich gewünscht oder erforderlich. Diese Technologien verhindern effektiv Datenlecks und minimieren die Risiken von Datenschutzverletzungen, die nicht nur finanzielle, sondern auch rechtliche Konsequenzen nach sich ziehen können.

Darüber hinaus verbessern diese Technologien die Qualität der Daten, indem sie Fehler reduzieren, die während der Datenerfassung und -verarbeitung auftreten können. Durch die Standardisierung der Verfahren zur Datenhandhabung und -speicherung wird eine konsistente Datenhaltung gewährleistet, was die Analyse und Nutzung der Daten erleichtert und optimiert. In einer Zeit, in der Daten oft als das neue Öl betrachtet werden, ist die Gewährleistung ihrer Qualität und Sicherheit von unschätzbarem Wert.

Steigerung des Vertrauens bei Kunden und Stakeholdern

In einer Ära, in der Datenschutzverletzungen regelmäßig Schlagzeilen machen, ist das Vertrauen der Kunden in die Fähigkeit eines Unternehmens, ihre Daten sicher zu halten, entscheidend. Datenschutz-Technologien spielen hierbei eine zentrale Rolle, indem sie nicht nur die Sicherheit der Daten erhöhen, sondern auch das Engagement des Unternehmens für den Schutz der Privatsphäre der Benutzer demonstrieren. Dieses Engagement fördert das Vertrauen und die Loyalität der Kunden, was für den Aufbau langfristiger Kundenbeziehungen unerlässlich ist.

Die transparente Kommunikation darüber, wie und warum Daten gesammelt und verarbeitet werden, sowie die klare Darstellung der getroffenen Sicherheitsmaßnahmen, können das Vertrauen weiter stärken. Unternehmen, die zeigen, dass sie proaktiv Maßnahmen zum Schutz der Daten ergreifen und diese nicht nur als notwendiges Übel betrachten, setzen sich positiv von ihren Wettbewerbern ab. Dies gilt nicht nur für Kunden, sondern auch für andere Stakeholder wie Investoren, Regulierungsbehörden und Geschäftspartner, die alle ein vitales Interesse an der Sicherheit und Zuverlässigkeit der Unternehmensdaten haben.

Zusammenfassend lässt sich sagen, dass der Einsatz von Datenschutz-Technologien eine Win-Win-Situation für Unternehmen und ihre Stakeholder darstellt. Die Verbesserung der Datenqualität und -sicherheit sowie die Steigerung des Kundenvertrauens sind entscheidende Faktoren, die nicht nur die Compliance und operationelle Exzellenz fördern, sondern auch die Wettbewerbsfähigkeit eines Unternehmens in der heutigen datengetriebenen Welt stärken.

5.1.3 Beispiele für erfolgreiche Technologieanwendungen

Es ist entscheidend, dass Unternehmen Technologien implementieren, die nicht nur effizient sind, sondern auch strenge Datenschutzstandards erfüllen. In diesem Zusammenhang gibt es zwei herausragende Beispiele für den erfolgreichen Einsatz von Datenschutz-Technologien: die datenschutzkonforme Kundenanalyse und die Entwicklung sicherer Datenarchitekturen für Marketing-Datenbanksysteme.

Datenschutzkonforme Kundenanalyse

Ein zentrales Beispiel für den erfolgreichen Einsatz von Datenschutz-Technologien ist die Kundenanalyse, die unter vollständiger Einhaltung datenschutzrechtlicher Bestimmungen durchgeführt wird. Hierbei kommen Verfahren wie die Anonymisierung und Pseudonymisierung zum Einsatz, die es ermöglichen, wertvolle Einblicke in das Kundenverhalten zu gewinnen, ohne die Identität der einzelnen Kunden preiszugeben. Durch den Einsatz dieser Technologien können Unternehmen Muster erkennen, Vorlieben analysieren und personalisierte Marketingstrategien entwickeln, ohne dabei die Privatsphäre der Nutzer zu verletzen.

Ein Beispiel hierfür ist die Nutzung von aggregierten und anonymisierten Daten für Segmentierungs- und Targeting-Zwecke. Unternehmen können beispielsweise feststellen, welche Produktkategorien in bestimmten demografischen Segmenten beliebt sind, ohne dass dabei auf individuelle Kundendaten zurückgegriffen werden muss. Diese Art der Analyse ist besonders wertvoll in Branchen wie dem Einzelhandel oder der Finanzdienstleistung, wo maßgeschneiderte Kundenerlebnisse entscheidend für den Geschäftserfolg sind.

Sichere Datenarchitektur für Marketing-Datenbanksysteme

Das zweite Beispiel betrifft die Schaffung sicherer Datenarchitekturen für Marketing-Datenbanksysteme. Eine robuste Datenarchitektur, die den Datenschutz von Grund auf berücksichtigt, ist entscheidend für die Sicherheit von Kundendaten. Dies beinhaltet die Verwendung von Verschlüsselungstechnologien sowohl bei der Übertragung als auch bei der Speicherung von Daten. Zudem sollten Zugriffskontrollmechanismen implementiert werden, die sicherstellen, dass nur autorisiertes Personal Zugriff auf sensible Daten hat.

Ein konkretes Beispiel hierfür ist die Verwendung von Ende-zu-Ende-Verschlüsselung in einem CRM-System, das sicherstellt, dass Kundendaten während der Übertragung über das Internet vor unbefugtem Zugriff geschützt sind. Des Weiteren können durch die Verwendung von Netzwerksegmentierung und Firewalls die Datenbanken, in denen Kundendaten gespeichert sind, zusätzlich abgesichert werden. Diese Maßnahmen helfen nicht nur dabei, die Einhaltung von Datenschutzgesetzen wie der DSGVO zu gewährleisten, sondern auch das Vertrauen der Kunden in die Marke zu stärken.

Diese Beispiele demonstrieren, wie der Einsatz von fortschrittlichen Datenschutz-Technologien Unternehmen dabei unterstützt, sowohl regulatorische Anforderungen zu erfüllen als auch Wettbewerbsvorteile durch verbesserte Kundenkenntnisse und -services zu erzielen. Durch die Gewährleistung der Datensicherheit und den Schutz der Privatsphäre können Unternehmen nicht nur ihre rechtliche Compliance sicherstellen, sondern auch das Vertrauen ihrer Kunden gewinnen und erhalten.

5.1.4 Case Studies zur Illustration

Case Study: Einsatz von Verschlüsselungstechniken in Online-Kampagnen

Im digitalen Zeitalter stehen Unternehmen vor der Herausforderung, die Privatsphäre ihrer Kunden zu schützen und gleichzeitig effektive Marketingkampagnen durchzuführen. Ein Paradebeispiel hierfür ist der Einsatz von Verschlüsselungstechniken in Online-Kampagnen. Ein führendes E-Commerce-Unternehmen, das weltweit agiert, implementierte eine umfassende Verschlüsselungsstrategie, um die Sicherheit der Kundendaten zu gewährleisten und den Anforderungen der EU-Datenschutzgrundverordnung (DSGVO) gerecht zu werden.

Das Unternehmen nutzte fortschrittliche Verschlüsselungstechniken, um die Daten seiner Kunden sowohl während der Übertragung als auch im Ruhezustand zu schützen. Jede Interaktion eines Kunden auf der Website wurde verschlüsselt, sodass persönliche Informationen wie Namen, Adressen und Zahlungsdetails vor unbefugtem Zugriff gesichert waren. Diese Strategie beinhaltete die Verwendung von Transport Layer Security (TLS) für die Datenübertragung und Advanced Encryption Standard (AES) für die Speicherung von Daten in Datenbanken.

Durch diese Maßnahmen konnte das Unternehmen nicht nur die Sicherheit der Kundendaten erhöhen, sondern auch das Vertrauen der Kunden stärken. Kunden waren eher bereit, ihre Daten für personalisierte Angebote und Marketingkampagnen zur Verfügung zu stellen, da sie sicher waren, dass ihre Informationen geschützt waren. Dies führte zu einer höheren Konversionsrate und verbesserte die Effektivität der Marketingkampagnen erheblich.

Die Implementierung der Verschlüsselungstechniken hatte zudem positive Auswirkungen auf die Compliance des Unternehmens. Im Falle einer Datenpanne konnte das Unternehmen nachweisen, dass es alle notwendigen Sicherheitsvorkehrungen getroffen hatte, um die Daten seiner Kunden zu schützen, was die rechtlichen Konsequenzen minimierte und den Ruf des Unternehmens schützte. Die Fallstudie zeigt, dass Verschlüsselungstechniken nicht nur eine notwendige Maßnahme zur Einhaltung von Datenschutzgesetzen sind, sondern auch ein wesentlicher Faktor für den Erfolg von Online-Marketingkampagnen.

Case Study: Anonymisierungstools in der Kundenanalyse

Ein weiteres Beispiel für den erfolgreichen Einsatz von Datenschutztechnologien ist die Implementierung von Anonymisierungstools in der Kundenanalyse durch eine große Versicherungsgesellschaft. Das Unternehmen, das Millionen von Kunden weltweit betreut, stand vor der Herausforderung, detaillierte Kundenanalysen durchzuführen, ohne gegen Datenschutzbestimmungen zu verstoßen.

Die Versicherungsgesellschaft entschied sich für den Einsatz von TOLERANT MPM, einer Softwarelösung, die speziell für die Verwaltung von Marketing-Berechtigungen entwickelt wurde und gleichzeitig Anonymisierungsfunktionen bietet. Mit TOLERANT MPM konnte das Unternehmen sensible Kundendaten anonymisieren, bevor diese für Analysezwecke verwendet wurden. Dies bedeutete, dass personenbezogene Daten so verändert wurden, dass sie nicht mehr ohne Weiteres einer bestimmten Person zugeordnet werden konnten, während sie dennoch für statistische Analysen nutzbar blieben.

Durch den Einsatz dieser Anonymisierungstools war es dem Unternehmen möglich, detaillierte Kundenprofile zu erstellen und diese für zielgerichtete Marketingstrategien zu nutzen. Beispielsweise konnten sie erkennen, welche Kundengruppen besonders an bestimmten Versicherungsprodukten interessiert waren, ohne die Privatsphäre einzelner Kunden zu gefährden. Diese anonymisierten Daten halfen dabei, Marketingkampagnen effektiver zu gestalten und gleichzeitig die Datenschutzanforderungen zu erfüllen.

Die Anonymisierung hatte auch positive Auswirkungen auf das Vertrauen der Kunden. Sie waren eher bereit, ihre Daten für Analysen zur Verfügung zu stellen, da sie wussten, dass ihre Privatsphäre geschützt wurde. Dies führte zu einer höheren Datenqualität und ermöglichte präzisere Analysen, die wiederum zu besseren Geschäftsergebnissen führten.

Diese Fallstudie verdeutlicht, wie wichtig es ist, Datenschutztechnologien in der Kundenanalyse zu nutzen. Die Anonymisierung von Daten ermöglicht es Unternehmen, wertvolle Einblicke in das Kundenverhalten zu gewinnen und gleichzeitig den gesetzlichen Anforderungen und den Erwartungen der Kunden gerecht zu werden. Sie zeigt auch, dass Datenschutz und Geschäftserfolg Hand in Hand gehen können, wenn die richtigen Tools und Strategien eingesetzt werden.

5.2 Automatisierung im Datenschutzmanagement

5.2.1 Grundlagen der Automatisierung im Datenschutz

Die Automatisierung von Datenschutzprozessen ist ein zentraler Baustein moderner Datenschutzstrategien. In einer Welt, in der Datenmengen exponentiell wachsen und Datenschutzanforderungen immer komplexer werden, bietet die Automatisierung nicht nur Effizienzgewinne, sondern auch erhebliche Verbesserungen in der Genauigkeit und Zuverlässigkeit der Datenverarbeitung. Doch was genau versteht man unter der Automatisierung im Datenschutz, und welche Vorteile bringt sie mit sich?

Definition und Vorteile der Automatisierung von Datenschutzprozessen

Automatisierung im Datenschutz bezieht sich auf den Einsatz von Technologien und Softwarelösungen, um Datenschutzaufgaben und -prozesse zu standardisieren und zu automatisieren. Dazu gehören Aufgaben wie das Erfassen und Verwalten von Einwilligungen, das Überwachen von Datenflüssen, die Erkennung und Behebung von Datenschutzverletzungen sowie die Erfüllung von Anfragen betroffener Personen gemäß der Datenschutzgrundverordnung (DSGVO).

Die Vorteile der Automatisierung im Datenschutz sind vielfältig:

1. **Effizienzsteigerung**: Manuelle Prozesse sind zeitaufwendig und fehleranfällig. Automatisierung reduziert den Aufwand und die Zeit, die für Datenschutzaufgaben benötigt werden, erheblich. Dies ermöglicht es Unternehmen, Ressourcen

effizienter zu nutzen und sich auf strategischere Aufgaben zu konzentrieren.

2. **Genauigkeit und Konsistenz**: Automatisierte Systeme arbeiten konsistent und sind weniger anfällig für menschliche Fehler. Dies gewährleistet eine höhere Genauigkeit bei der Datenerfassung, -verarbeitung und -überwachung.

3. **Schnelle Reaktionsfähigkeit**: In Fällen von Datenschutzverletzungen oder Anfragen betroffener Personen kann eine schnelle Reaktion entscheidend sein. Automatisierung ermöglicht es Unternehmen, sofort zu reagieren, was die Risiken und potenziellen Schäden minimiert.

4. **Skalierbarkeit**: Automatisierte Systeme können leicht skaliert werden, um große Datenmengen zu verarbeiten. Dies ist besonders wichtig für große Unternehmen und solche, die in stark regulierten Branchen tätig sind.

5. **Nachweisbarkeit und Compliance**: Automatisierung erleichtert die Einhaltung gesetzlicher Vorschriften und erleichtert den Nachweis der Compliance. Systeme können so konfiguriert werden, dass sie automatisch Protokolle und Berichte erstellen, die für Audits und Prüfungen erforderlich sind.

Vorstellung verschiedener Automatisierungstechniken und -werkzeuge

Die Vielfalt der verfügbaren Automatisierungstechniken und -werkzeuge ermöglicht es Unternehmen, maßgeschneiderte Lösungen für ihre spezifischen Datenschutzanforderungen zu implementieren. Hier sind einige der wichtigsten Techniken und Werkzeuge:

1. **Workflow-Automatisierung**: Tools wie Microsoft Power Automate oder Apache Airflow ermöglichen es Unternehmen, komplexe Arbeitsabläufe zu erstellen, die automatisch Datenschutzaufgaben ausführen. Diese Systeme können Aufgaben wie das Versenden von Einwilligungsanfragen, das Überwachen von Datenflüssen und das Erstellen von Compliance-Berichten automatisieren.

2. **Robotic Process Automation (RPA)**: RPA-Tools wie UiPath und Blue Prism können repetitive und regelbasierte Aufgaben übernehmen. Sie sind besonders nützlich für das automatische Ausfüllen von Formularen, das Aktualisieren von Datenbanken und das Überprüfen von Einwilligungen.

3. **Consent Management Platforms (CMP)**: CMPs wie One-Trust und TrustArc helfen Unternehmen, Einwilligungen zu verwalten und zu dokumentieren. Sie ermöglichen es, Einwilligungen zentral zu erfassen, zu aktualisieren und zu speichern, und bieten Funktionen zur Einhaltung der DSGVO-Anforderungen.

4. **Data Loss Prevention (DLP)**: DLP-Lösungen wie Symantec DLP und McAfee Total Protection überwachen den Datenverkehr und verhindern, dass sensible Informationen das Unternehmen verlassen. Sie bieten Schutz vor Datenverlusten und helfen, Datenschutzverletzungen zu verhindern.

5. **Künstliche Intelligenz (KI) und Machine Learning (ML)**: KI- und ML-Technologien werden zunehmend eingesetzt, um Datenschutzprozesse zu verbessern. Sie können Anomalien in Datenströmen erkennen, Datenschutzverletzungen vorhersagen und automatisch Maßnahmen zur Schadensbegrenzung ergreifen.

6. **Automatisierte Berichterstattung und Audit-Tools**: Lösungen wie SAP Audit Management und AuditBoard erleichtern die Erstellung und Verwaltung von Datenschutzberichten und -audits. Sie ermöglichen es Unternehmen, die Einhaltung von Datenschutzvorschriften kontinuierlich zu überwachen und zu dokumentieren.

Die Implementierung dieser Automatisierungstechniken und -werkzeuge erfordert eine sorgfältige Planung und Anpassung an die spezifischen Bedürfnisse und Rahmenbedingungen eines Unternehmens. Dennoch bietet sie immense Vorteile, die weit über die bloße Einhaltung von Vorschriften hinausgehen und einen wesentlichen Beitrag zur Effizienz und Sicherheit im Datenschutz leisten.

5.2.2 Integration von TOLERANT MPM mit anderen Systemen

Die Integration von TOLERANT Marketing Permission Management (MPM) mit anderen Systemen ist ein wesentlicher Schritt, um eine nahtlose und effiziente Verwaltung von Kundeneinwilligungen sicherzustellen. TOLERANT MPM bietet zahlreiche Funktionen, die Unternehmen helfen, ihre Marketing-Berechtigungen im Einklang mit der Datenschutzgrundverordnung (DSGVO) zu verwalten und gleichzeitig ihre CRM- und ERP-Systeme zu optimieren. In diesem Abschnitt werden die technischen Details der Integration sowie praktische Beispiele für Integrationsszenarien vorgestellt.

Technische Details der Integration

Die Integration von TOLERANT MPM in bestehende Systeme erfolgt in der Regel über standardisierte Schnittstellen und APIs (Application Programming Interfaces). Diese Schnittstellen ermöglichen es, Daten zwischen TOLERANT MPM und anderen Systemen sicher und effizient auszutauschen. Hier sind die wichtigsten technischen Aspekte der Integration:

1. **RESTful API**: TOLERANT MPM nutzt RESTful APIs, um eine flexible und skalierbare Kommunikation mit anderen Systemen zu gewährleisten. REST (Representational State Transfer) ist ein Architekturstil, der es ermöglicht, Webdienste leicht zu integrieren und zu erweitern. Über die RESTful API können Einwilligungsdaten abgerufen, aktualisiert und gelöscht werden.

2. **Datenformate**: Die APIs von TOLERANT MPM unterstützen gängige Datenformate wie JSON (JavaScript Object Notation) und XML (Extensible Markup Language). Diese Formate sind weit verbreitet und werden von den meisten CRM- und ERP-Systemen unterstützt, was die Integration erleichtert.

3. **Authentifizierung und Autorisierung**: Um die Sicherheit der Daten zu gewährleisten, verwendet TOLERANT MPM Authentifizierungs- und Autorisierungsmechanismen wie OAuth 2.0 und API-Schlüssel. Diese Mechanismen stellen sicher, dass nur autorisierte Systeme und Benutzer auf die Einwilligungsdaten zugreifen können.

4. **Echtzeit-Synchronisierung**: TOLERANT MPM bietet die Möglichkeit der Echtzeit-Synchronisierung von Daten. Das bedeutet, dass Änderungen an Einwilligungen sofort in den verbundenen Systemen aktualisiert werden, wodurch die Daten stets aktuell und konsistent bleiben.

5. **Batch-Verarbeitung**: Für die Verarbeitung großer Datenmengen kann TOLERANT MPM auch im Batch-Modus betrieben werden. Dies ist besonders nützlich für regelmäßige

Updates und Migrationsprojekte, bei denen viele Einwilligungsdatensätze gleichzeitig verarbeitet werden müssen.

Praktische Beispiele für Integrationsszenarien mit CRM- und ERP-Systemen

Die Integration von TOLERANT MPM in CRM- und ERP-Systeme ermöglicht es Unternehmen, ihre Kundendaten effizient zu verwalten und gleichzeitig die Datenschutzanforderungen zu erfüllen. Hier sind einige praktische Beispiele für solche Integrationsszenarien:

1. **CRM-Systeme**:

   - **Salesforce Integration**: Durch die Integration von TOLERANT MPM mit Salesforce können Einwilligungsdaten direkt in die Kundenprofile eingebettet werden. Wenn ein Kunde eine Einwilligung gibt oder widerruft, wird diese Information automatisch in Salesforce aktualisiert. Dies ermöglicht es dem Vertrieb und dem Marketing, immer auf dem neuesten Stand zu bleiben und sicherzustellen, dass nur Kunden kontaktiert werden, die ihre Zustimmung gegeben haben.
   - **Microsoft Dynamics 365**: Ähnlich wie bei Salesforce können Unternehmen TOLERANT MPM mit Microsoft Dynamics 365 integrieren. Einwilligungsdaten werden synchronisiert und in den Kundenprofilen gespeichert, wodurch Marketingkampagnen gezielter und compliance-konform durchgeführt werden können.

2. **ERP-Systeme**:

- **SAP ERP**: Die Integration von TOLERANT MPM mit SAP ERP ermöglicht es Unternehmen, Einwilligungsdaten zentral zu verwalten und sicherzustellen, dass alle Abteilungen Zugriff auf aktuelle und korrekte Daten haben. Beispielsweise kann das Marketing-Team sicherstellen, dass nur Kunden, die ihre Einwilligung gegeben haben, in Marketingkampagnen einbezogen werden.
- **Oracle ERP**: Durch die Verbindung von TOLERANT MPM mit Oracle ERP können Unternehmen ihre Einwilligungsdaten effizient verwalten und in ihre Geschäftsprozesse integrieren. Dies stellt sicher, dass Compliance-Anforderungen erfüllt werden und gleichzeitig die Effizienz und Genauigkeit der Datenverarbeitung erhöht wird.

3. **Marketing-Automatisierungsplattformen**:

- **Marketo**: Die Integration von TOLERANT MPM mit Marketo ermöglicht eine nahtlose Verwaltung von Einwilligungsdaten innerhalb der Marketing-Automatisierungsplattform. Dies stellt sicher, dass alle Marketingkampagnen im Einklang mit den Einwilligungen der Kunden durchgeführt werden.
- **HubSpot**: Ähnlich wie bei Marketo kann TOLERANT MPM mit HubSpot integriert werden, um sicherzustellen, dass alle Marketingaktivitäten auf aktuellen und korrekten Einwilligungsdaten basieren. Dies verbessert die Effektivität der Kampagnen und gewährleistet die Einhaltung der Datenschutzbestimmungen.

Die Integration von TOLERANT MPM mit CRM- und ERP-Systemen bietet Unternehmen eine leistungsstarke Lösung, um ihre Datenschutzprozesse zu automatisieren und gleichzeitig die Effizienz und Genauigkeit ihrer Marketing- und Vertriebsaktivitäten zu steigern. Durch die Nutzung dieser Integrationsmöglichkeiten können Unternehmen sicherstellen, dass sie die Einwilligungen ihrer Kunden stets im Blick haben und ihre Marketingstrategien datenschutzkonform umsetzen.

5.2.3 Management von Einwilligungen und Kundendaten

Das Management von Einwilligungen und Kundendaten ist eine der größten Herausforderungen im modernen Marketing, insbesondere im Kontext der Datenschutzgrundverordnung (DSGVO). Die effektive Erfassung und Verwaltung dieser Daten ist entscheidend, um die Einhaltung der gesetzlichen Anforderungen sicherzustellen und gleichzeitig zielgerichtete und personalisierte Marketingkampagnen durchzuführen. In diesem Abschnitt werden die automatisierte Einwilligungserfassung und -verwaltung sowie die Schnittstellen zwischen TOLERANT MPM und anderen Marketingtools beleuchtet.

Automatisierte Einwilligungserfassung und -verwaltung

Die automatisierte Erfassung und Verwaltung von Einwilligungen ist ein entscheidender Schritt, um sicherzustellen, dass alle Marketingaktivitäten im Einklang mit den Datenschutzbestimmungen stehen. TOLERANT Marketing Permission Management (MPM) bietet hier eine umfassende Lösung, die den gesamten Prozess von der Einholung der Einwilligung bis zur Verwaltung und Dokumentation abdeckt.

1. **Automatisierte Erfassung**:

- **Webformulare**: TOLERANT MPM ermöglicht die Integration von Webformularen, die Einwilligungen direkt von den Kunden einholen. Diese Formulare können auf Websites, in E-Mails oder in Apps eingebettet werden und sind darauf ausgelegt, die Zustimmung der Kunden auf einfache und transparente Weise zu erfassen.
- **Double-Opt-In-Verfahren**: Um die Gültigkeit der Einwilligung sicherzustellen, unterstützt TOLERANT MPM das Double-Opt-In-Verfahren. Dabei erhalten Kunden nach ihrer Zustimmung eine Bestätigungs-E-Mail mit einem Link, den sie anklicken müssen, um ihre Einwilligung endgültig zu bestätigen. Dies reduziert das Risiko von fehlerhaften oder falschen Einwilligungen und erhöht die Rechtssicherheit.
- **Mobile Anwendungen**: Für Unternehmen, die mobile Apps nutzen, bietet TOLERANT MPM Möglichkeiten zur Integration von Einwilligungsdialogen direkt in die App. Kunden können so schnell und einfach ihre Zustimmung geben oder widerrufen.

2. **Automatisierte Verwaltung**:

- **Echtzeit-Updates**: Änderungen der Einwilligungsstatus werden in Echtzeit verarbeitet und in allen verbundenen Systemen aktualisiert. Dies stellt sicher, dass Marketing- und Vertriebsteams stets auf aktuelle Daten zugreifen und nur Kunden kontaktieren, die ihre Zustimmung gegeben haben.
- **Datenbanken und Protokollierung**: TOLERANT MPM speichert alle Einwilligungen in einer zentralen

Datenbank und führt detaillierte Protokolle über jede Interaktion. Dies erleichtert die Nachverfolgbarkeit und bietet eine zuverlässige Grundlage für Audits und Compliance-Berichte.
* **Widerrufsmanagement**: Kunden haben das Recht, ihre Einwilligungen jederzeit zu widerrufen. TOLERANT MPM bietet einfache Mechanismen, um diesen Widerruf zu erfassen und sicherzustellen, dass keine weiteren Marketingkontakte erfolgen, sobald eine Einwilligung zurückgezogen wurde.

Schnittstellen zwischen TOLERANT MPM und anderen Marketingtools

Die Integration von TOLERANT MPM mit anderen Marketingtools ist entscheidend, um ein nahtloses und effizientes Management von Einwilligungen und Kundendaten zu gewährleisten. Durch die Nutzung standardisierter Schnittstellen und APIs kann TOLERANT MPM problemlos in bestehende Marketing-Infrastrukturen eingebunden werden.

1. **Customer Relationship Management (CRM) Systeme**:

   * **Salesforce**: Die Integration mit Salesforce ermöglicht es, Einwilligungsdaten direkt in die Kundenprofile zu synchronisieren. Änderungen an Einwilligungen werden automatisch in Salesforce aktualisiert, sodass das Vertriebsteam immer auf dem neuesten Stand ist.
   * **Microsoft Dynamics 365**: Auch hier bietet TOLERANT MPM eine nahtlose Integration, die es erlaubt, Einwilligungen zu erfassen und zu verwalten,

ohne dass manuelle Eingriffe notwendig sind. Dies verbessert die Datenqualität und reduziert den administrativen Aufwand.

2. **Marketing-Automatisierungsplattformen**:

- **Marketo**: Durch die Integration mit Marketo können Einwilligungen in Echtzeit synchronisiert und direkt in Marketingkampagnen berücksichtigt werden. Dies stellt sicher, dass nur Kunden angesprochen werden, die ihre Zustimmung gegeben haben.
- **HubSpot**: Die Verbindung mit HubSpot ermöglicht eine zentrale Verwaltung von Einwilligungen und sorgt dafür, dass alle Marketingmaßnahmen DSGVO-konform durchgeführt werden können.

3. **E-Mail-Marketing-Tools**:

- **Mailchimp**: TOLERANT MPM kann mit Mailchimp integriert werden, um sicherzustellen, dass nur E-Mails an Kunden versendet werden, die ihre Einwilligung erteilt haben. Die Synchronisation der Einwilligungsdaten erfolgt automatisch und reduziert das Risiko von Datenschutzverstößen.
- **Constant Contact**: Auch hier bietet TOLERANT MPM eine einfache Möglichkeit zur Integration, die sicherstellt, dass alle versendeten E-Mails den aktuellen Einwilligungsstatus der Kunden berücksichtigen.

4. **Content Management Systeme (CMS)**:

- **WordPress**: Die Integration von TOLERANT MPM in WordPress ermöglicht es, Einwilligungen direkt auf der Website zu erfassen und zu verwalten. Plugins und Widgets machen die Implementierung einfach und effizient.

- **Drupal**: Für Drupal-Nutzer bietet TOLERANT MPM ebenfalls umfassende Integrationsmöglichkeiten, um Einwilligungen zentral zu erfassen und zu verwalten.

Durch die Nutzung dieser Schnittstellen und Integrationsmöglichkeiten können Unternehmen sicherstellen, dass ihre Marketingaktivitäten stets auf aktuellen und korrekten Einwilligungsdaten basieren. Dies verbessert nicht nur die Effizienz und Zielgenauigkeit der Marketingmaßnahmen, sondern gewährleistet auch die Einhaltung der Datenschutzbestimmungen und stärkt das Vertrauen der Kunden in den verantwortungsvollen Umgang mit ihren Daten.

5.2.4 Automatisierung von Compliance-Prozessen

Die Einhaltung von Datenschutzbestimmungen ist für Unternehmen jeder Größe und Branche unerlässlich, um rechtliche Risiken zu minimieren und das Vertrauen der Kunden zu gewinnen. Durch die Automatisierung von Compliance-Prozessen können Unternehmen sicherstellen, dass Datenschutzrichtlinien konsequent beachtet werden und gleichzeitig die Effizienz ihrer internen Abläufe verbessern. In diesem Abschnitt werden die Überwachung der Einhaltung von Datenschutzbestimmungen sowie die Automatisierung von Reporting und Dokumentation detailliert behandelt.

Überwachung der Einhaltung von Datenschutzbestimmungen

Die Überwachung der Einhaltung von Datenschutzbestimmungen ist eine fortlaufende Aufgabe, die aufgrund der Komplexität und der Vielzahl der betroffenen Prozesse eine erhebliche Herausforderung darstellen kann. Automatisierungstechnologien bieten hier entscheidende Vorteile, indem sie kontinuierliche Überwachungsmechanismen implementieren, die menschliche Fehler minimieren und die Genauigkeit erhöhen.

1. **Kontinuierliche Überwachung**:

   - **Echtzeit-Überwachung**: Automatisierte Systeme ermöglichen die Echtzeit-Überwachung von Datenverarbeitungsaktivitäten. Dadurch können Verstöße gegen Datenschutzbestimmungen sofort erkannt und behoben werden. Tools wie SIEM (Security Information and Event Management) integrieren Daten aus verschiedenen Quellen und bieten eine umfassende Überwachung der Systemaktivitäten.
   - **Automatisierte Alarme und Benachrichtigungen**: Bei Erkennung potenzieller Verstöße oder ungewöhnlicher Aktivitäten generieren die Systeme automatisch Alarme und Benachrichtigungen an die verantwortlichen Compliance-Beauftragten. Dies ermöglicht eine schnelle Reaktion und Minimierung von Schäden.

2. **Compliance-Dashboards**:

   - **Zentrale Anlaufstellen**: Ein Compliance-Dashboard bietet eine zentrale Plattform, auf der alle relevanten Datenschutzmetriken und -indikatoren in Echtzeit angezeigt werden. Dies erleichtert den Überblick und die Verwaltung der Datenschutz-Compliance.
   - **Trendanalysen und Berichte**: Durch die Integration von Daten aus verschiedenen Quellen können Com-

pliance-Dashboards historische Daten analysieren und Trends identifizieren. Dies hilft Unternehmen, Schwachstellen zu erkennen und proaktive Maßnahmen zu ergreifen.

3. **Regelbasierte Überwachung**:

- **Implementierung von Datenschutzregeln**: Unternehmen können spezifische Datenschutzregeln in ihre automatisierten Systeme integrieren. Diese Regeln definieren klare Kriterien für die Verarbeitung und den Schutz personenbezogener Daten. Bei Verstößen gegen diese Regeln werden automatisch Maßnahmen ergriffen, um die Compliance sicherzustellen.
- **Policy Enforcement**: Automatisierte Systeme stellen sicher, dass Datenschutzrichtlinien strikt eingehalten werden, indem sie regelmäßig überprüfen, ob alle Datenverarbeitungsaktivitäten den festgelegten Regeln entsprechen.

Reporting und Dokumentation automatisieren

Effektive Reporting- und Dokumentationsprozesse sind entscheidend, um die Einhaltung der Datenschutzbestimmungen nachzuweisen und bei Audits und Prüfungen bestehen zu können. Automatisierungstechnologien bieten hier erhebliche Vorteile, indem sie die Erfassung, Verarbeitung und Bereitstellung von Compliance-Daten standardisieren und beschleunigen.

1. **Automatisierte Berichterstellung**:

   - **Regelmäßige Reports**: Automatisierte Systeme können regelmäßige Berichte über die Datenschutzaktivitäten und Compliance-Status erstellen. Diese Berichte umfassen Informationen über Zugriffe, Datenverarbeitungsaktivitäten, festgestellte Verstöße und ergriffene Maßnahmen.
   - **Anpassbare Berichte**: Unternehmen können Berichte an ihre spezifischen Anforderungen und gesetzlichen Vorgaben anpassen. Dies umfasst die Definition der zu berichtenden Datenpunkte und die Frequenz der Berichtserstellung.

2. **Datenaggregation und -analyse**:

   - **Zentralisierte Datenspeicherung**: Automatisierte Systeme sammeln und speichern alle relevanten Compliance-Daten in zentralen Repositories. Dies erleichtert die Datenaggregation und -analyse, da alle Informationen an einem Ort verfügbar sind.
   - **Analyse-Tools**: Fortgeschrittene Analyse-Tools ermöglichen es, große Datenmengen zu durchsuchen und komplexe Muster und Anomalien zu erkennen. Diese Analysen helfen dabei, potenzielle Risiken frühzeitig zu identifizieren und präventive Maßnahmen zu ergreifen.

3. **Audit-Trails und Protokollierung**:

   - **Lückenlose Dokumentation**: Automatisierte Systeme erfassen und protokollieren jede Datenverarbeitungsaktivität, wodurch ein vollständiger Audit-Trail entsteht. Dies erleichtert die Nachverfolgbarkeit und Transparenz bei Datenschutzfragen.

- **Compliance-Audits**: Bei Audits und Prüfungen können Unternehmen schnell und einfach die erforderlichen Nachweise und Dokumentationen bereitstellen. Automatisierte Systeme ermöglichen den schnellen Zugriff auf historische Daten und Berichte, die für die Bewertung der Compliance erforderlich sind.

4. **Regulatorische Berichterstattung**:

- **Erfüllung gesetzlicher Anforderungen**: Automatisierte Reporting-Tools stellen sicher, dass alle gesetzlichen Berichtspflichten erfüllt werden. Dies umfasst die Einhaltung spezifischer Meldeformate und -fristen, wie sie von Datenschutzbehörden vorgegeben werden.
- **Schnelle Reaktion auf Anfragen**: Bei Anfragen von Aufsichtsbehörden können automatisierte Systeme schnell die erforderlichen Informationen bereitstellen. Dies reduziert den Aufwand und die Reaktionszeit erheblich.

Durch die Automatisierung von Compliance-Prozessen können Unternehmen die Einhaltung von Datenschutzbestimmungen effizienter und zuverlässiger gewährleisten. Dies reduziert nicht nur das Risiko von Verstößen und damit verbundenen Strafen, sondern verbessert auch die Transparenz und Nachvollziehbarkeit aller Datenschutzaktivitäten. Automatisierte Systeme bieten eine robuste Grundlage, um den wachsenden Anforderungen des Datenschutzes gerecht zu werden und gleichzeitig die Effizienz der internen Abläufe zu steigern.

Kapitel 6: Fallstudien

6.1 Case Study 1: Erfolgreiche Implementierung in einem E-Commerce-Unternehmen

6.1.1 Kontext und Ziele der Implementierung

Ein führendes E-Commerce-Unternehmen mit einem umfangreichen Produktportfolio und Millionen von Kunden weltweit sah sich mit einer Vielzahl von Herausforderungen im Bereich des Permission Marketings konfrontiert. Das Unternehmen, das sich auf den Verkauf von Elektronik, Kleidung und Haushaltswaren spezialisiert hatte, nutzte aggressive Marketingstrategien, um Kunden zu gewinnen und zu binden. Dabei stieß es jedoch auf erhebliche Probleme bei der Verwaltung von Kundeneinwilligungen und der Einhaltung der Datenschutzgrundverordnung (DSGVO).

Eines der größten Probleme bestand darin, dass die Einwilligungen der Kunden für Marketingmaßnahmen nicht konsistent erfasst und dokumentiert wurden. Dies führte zu mehreren Herausforderungen:

1. **Inkonsistente Einwilligungen**: Kundeneinwilligungen wurden über verschiedene Kanäle (Websites, mobile Apps, E-Mail-Kampagnen) gesammelt, jedoch nicht zentral gespeichert. Dies führte zu Inkonsistenzen und einem Mangel an Transparenz, welche Einwilligungen aktuell und gültig waren.

2. **Fehlende Nachverfolgbarkeit**: Das Unternehmen hatte Schwierigkeiten, nachzuweisen, welche Kunden tatsächlich ihre Einwilligung für spezifische Marketingmaßnahmen ge-

geben hatten. Dies war besonders problematisch bei Kundenbeschwerden und Anfragen von Datenschutzbehörden.

3. **Compliance-Risiken**: Aufgrund der inkonsistenten Einwilligungsverwaltung bestand ein hohes Risiko für Verstöße gegen die DSGVO. Das Unternehmen lief Gefahr, empfindliche Geldstrafen zu zahlen und seinen Ruf zu schädigen.

4. **Effizienzprobleme**: Die manuelle Verwaltung von Einwilligungen war zeitaufwendig und fehleranfällig. Dies führte zu ineffizienten Marketingprozessen und verzögerte Kampagnenstarts.

Ziele der Implementierung von TOLERANT MPM

Um diese Herausforderungen zu bewältigen und die Effizienz und Compliance seiner Marketingaktivitäten zu verbessern, entschied sich das Unternehmen für die Implementierung von TOLERANT Marketing Permission Management (MPM). Die Hauptziele der Implementierung waren:

1. **Zentrale Erfassung und Verwaltung von Einwilligungen**: TOLERANT MPM sollte eine zentrale Plattform bieten, auf der alle Kundeneinwilligungen gesammelt und verwaltet werden können. Dies würde sicherstellen, dass die Einwilligungen konsistent erfasst und leicht zugänglich sind.

2. **Automatisierung der Einwilligungsprozesse**: Durch die Automatisierung der Erfassung, Aktualisierung und Verwaltung von Einwilligungen wollte das Unternehmen die Effizienz seiner Marketingprozesse steigern und die Fehleranfälligkeit reduzieren.

3. **Einhaltung der DSGVO**: Ein zentrales Ziel war die vollständige Einhaltung der Datenschutzgrundverordnung. TOLERANT MPM sollte sicherstellen, dass alle Einwilligun-

gen rechtskonform erfasst und dokumentiert werden, um das Risiko von Strafen und Rufschäden zu minimieren.

4. **Transparenz und Nachverfolgbarkeit**: Die Lösung sollte es dem Unternehmen ermöglichen, den Status und die Historie jeder Kundeneinwilligung leicht nachzuverfolgen. Dies würde die Bearbeitung von Kundenanfragen und Audits durch Datenschutzbehörden erheblich erleichtern.

5. **Integration mit bestehenden Systemen**: TOLERANT MPM sollte nahtlos in die bestehenden CRM- und Marketing-Automatisierungssysteme des Unternehmens integriert werden. Dies würde sicherstellen, dass alle Marketingaktivitäten auf aktuellen und korrekten Einwilligungsdaten basieren.

6. **Verbesserung der Marketingeffektivität**: Durch den Einsatz von TOLERANT MPM wollte das Unternehmen die Zielgenauigkeit und Effektivität seiner Marketingkampagnen verbessern, indem es sicherstellt, dass nur Kunden kontaktiert werden, die ihre Einwilligung gegeben haben.

Mit diesen Zielen vor Augen begann das Unternehmen die Implementierung von TOLERANT MPM. Die folgenden Abschnitte dieser Fallstudie werden die konkreten Schritte der Implementierung, die erzielten Ergebnisse und die Lessons Learned aus diesem Prozess detailliert beschreiben. Die erfolgreiche Integration von TOLERANT MPM half dem Unternehmen nicht nur, seine Compliance-Ziele zu erreichen, sondern auch die Effizienz und Effektivität seiner Marketingaktivitäten erheblich zu steigern.

6.1.2 Herausforderungen bei der Implementierung

Die Implementierung von TOLERANT MPM in einem großen E-Commerce-Unternehmen brachte verschiedene Herausforderungen mit sich, die sowohl technischer, organisatorischer als auch rechtlicher Natur waren. Um den Prozess erfolgreich zu gestalten, mussten diese Herausforderungen sorgfältig adressiert und überwunden werden.

Technische, organisatorische und rechtliche Herausforderungen

Technische Herausforderungen

Die technische Integration von TOLERANT MPM in die bestehende IT-Infrastruktur des Unternehmens stellte eine erhebliche Herausforderung dar. Die Hauptprobleme bestanden darin, die unterschiedlichen Systeme zu synchronisieren und sicherzustellen, dass die neuen Automatisierungsprozesse reibungslos funktionierten.

1. **Systemkompatibilität**: Das E-Commerce-Unternehmen nutzte eine Vielzahl von Softwarelösungen für CRM, ERP und Marketing-Automatisierung. Es war entscheidend, dass TOLERANT MPM nahtlos mit diesen Systemen zusammenarbeitete, um eine zentrale Verwaltung der Einwilligungen zu gewährleisten.
2. **Datenmigration**: Die Migration der bestehenden Einwilligungsdaten in das neue System erforderte präzise Planung und Ausführung. Die Daten mussten bereinigt, normalisiert und in das TOLERANT MPM-System importiert werden, ohne dass es zu Datenverlusten oder -verfälschungen kam.
3. **Performance**: Die Lösung musste in der Lage sein, große Datenmengen in Echtzeit zu verarbeiten, um sicherzustellen, dass Einwilligungen und Kundeninformationen stets aktuell waren. Dies stellte besondere Anforderungen an die Skalierbarkeit und Leistungsfähigkeit der IT-Infrastruktur.

Organisatorische Herausforderungen

Neben den technischen Hürden gab es auch zahlreiche organisatorische Herausforderungen, die bei der Implementierung von TOLERANT MPM berücksichtigt werden mussten.

1. **Prozessanpassung**: Die Einführung eines neuen Systems erforderte die Anpassung bestehender Arbeitsprozesse und Arbeitsabläufe. Mitarbeiter mussten geschult und auf die neuen Prozesse vorbereitet werden, um sicherzustellen, dass die Einwilligungen korrekt erfasst und verwaltet wurden.

2. **Widerstand gegen Veränderungen**: Wie bei jeder größeren Umstellung gab es Widerstände innerhalb des Unternehmens. Mitarbeiter waren besorgt über die Veränderungen und mögliche Auswirkungen auf ihre tägliche Arbeit. Es war wichtig, die Vorteile des neuen Systems klar zu kommunizieren und das Team aktiv in den Implementierungsprozess einzubeziehen.

3. **Projektmanagement**: Die Implementierung von TOLERANT MPM war ein komplexes Projekt, das eine enge Koordination und Zusammenarbeit zwischen verschiedenen Abteilungen erforderte. Ein effektives Projektmanagement war notwendig, um sicherzustellen, dass Zeitpläne eingehalten und Ressourcen effizient genutzt wurden.

Rechtliche Herausforderungen

Die Einhaltung der Datenschutzgrundverordnung (DSGVO) war ein zentrales Ziel der Implementierung von TOLERANT MPM. Dabei mussten mehrere rechtliche Herausforderungen gemeistert werden.

1. **Rechtskonforme Einwilligungserfassung**: Es musste sichergestellt werden, dass alle erfassten Einwilligungen den Anforderungen der DSGVO entsprachen. Dies beinhaltete die klare und transparente Information der Kunden über die Datenverarbeitung sowie die Möglichkeit zum einfachen Widerruf der Einwilligung.
2. **Nachweisbarkeit**: Das Unternehmen musste in der Lage sein, die Einwilligungen jederzeit nachweisen zu können. Dies erforderte eine lückenlose Dokumentation und Protokollierung aller Einwilligungsprozesse.
3. **Datenschutzrichtlinien**: Die internen Datenschutzrichtlinien des Unternehmens mussten an die neuen Prozesse angepasst werden. Dies umfasste die Aktualisierung von Datenschutzbestimmungen, Mitarbeiterschulungen und die Implementierung zusätzlicher Sicherheitsmaßnahmen.

Spezifische Probleme bei der Datenintegration und -sicherheit

Datenintegration

Die Integration der Einwilligungsdaten in TOLERANT MPM stellte spezifische Probleme dar, die sorgfältig gelöst werden mussten, um eine reibungslose Funktion zu gewährleisten.

1. **Datenkonsistenz**: Die Einwilligungsdaten stammten aus verschiedenen Quellen und Formaten. Es war notwendig, die Daten zu konsolidieren und sicherzustellen, dass sie konsistent und aktuell waren. Dies erforderte umfangreiche Datenbereinigungsprozesse und die Entwicklung von Schnittstellen zur Synchronisation der Daten.

2. **Datenmapping**: Die unterschiedlichen Datenstrukturen der bestehenden Systeme mussten auf das Datenmodell von TOLERANT MPM abgebildet werden. Dies erforderte detaillierte Mapping-Strategien und die Anpassung der Datenflüsse, um eine korrekte Zuordnung der Einwilligungsdaten zu gewährleisten.

3. **Echtzeit-Synchronisation**: Um sicherzustellen, dass die Einwilligungsdaten stets aktuell waren, musste eine Echtzeit-Synchronisation zwischen den bestehenden Systemen und TOLERANT MPM implementiert werden. Dies stellte hohe Anforderungen an die technische Infrastruktur und die Performance der Systeme.

Datensicherheit

Die Sicherheit der Einwilligungsdaten war von höchster Priorität. Es mussten Maßnahmen ergriffen werden, um die Daten vor unbefugtem Zugriff und Missbrauch zu schützen.

1. **Verschlüsselung**: Alle Datenübertragungen und gespeicherten Daten wurden durch starke Verschlüsselungstechniken geschützt. Dies stellte sicher, dass sensible Informationen nicht abgefangen oder manipuliert werden konnten.

2. **Zugriffskontrollen**: Strenge Zugriffskontrollen wurden implementiert, um sicherzustellen, dass nur autorisierte Mitarbeiter Zugriff auf die Einwilligungsdaten hatten. Dies umfasste die Nutzung von rollenbasierten Zugriffsrechten und die Implementierung von Mehr-Faktor-Authentifizierung.

3. **Überwachung und Auditing**: Um mögliche Sicherheitsvorfälle frühzeitig zu erkennen, wurden Überwachungs- und Auditing-Tools eingesetzt. Diese überwachten alle Zugriffe und Änderungen an den Einwilligungsdaten und ermöglichten eine schnelle Reaktion auf verdächtige Aktivitäten.

Durch die gezielte Bewältigung dieser technischen, organisatorischen und rechtlichen Herausforderungen konnte das E-Commerce-Unternehmen die Implementierung von TOLERANT MPM erfolgreich abschließen. Die Lösung trug maßgeblich dazu bei, die Effizienz und Compliance der Marketingprozesse zu verbessern und das Vertrauen der Kunden in den Umgang mit ihren Daten zu stärken.

6.1.3 Lösungsansätze und Implementierungs strategie

Beschreibung der gewählten technischen Lösungen und Prozesse

Um die Herausforderungen bei der Implementierung von TOLERANT Marketing Permission Management (MPM) zu meistern, setzte das E-Commerce-Unternehmen auf eine Kombination bewährter technischer Lösungen und optimierter Prozesse. Der Fokus lag darauf, eine robuste, skalierbare und sichere Infrastruktur zu schaffen, die den Anforderungen der Datenschutzgrundverordnung (DSGVO) entspricht und die Effizienz der Marketingprozesse verbessert.

Technische Lösungen

1. **Zentralisierte Datenbank für Einwilligungen**:

   - Eine zentrale Datenbank wurde eingerichtet, um alle Kundeneinwilligungen zu speichern und zu verwalten. Diese Datenbank ermöglichte die Konsolidierung und Synchronisation der Einwilligungsdaten aus verschiedenen Kanälen und Systemen.

- Durch die Nutzung relationaler Datenbanken mit hoher Performance und Skalierbarkeit konnte sichergestellt werden, dass die Datenbank auch bei hoher Last zuverlässig arbeitet.

2. **RESTful APIs zur Integration**:

- TOLERANT MPM nutzt RESTful APIs, um eine nahtlose Integration mit bestehenden CRM-, ERP- und Marketing-Automatisierungssystemen zu gewährleisten. Diese APIs ermöglichten eine Echtzeit-Synchronisation der Einwilligungsdaten und boten flexible Schnittstellen für den Datenaustausch.
- Die APIs unterstützten gängige Datenformate wie JSON und XML, was die Integration mit verschiedenen Systemen erleichterte.

3. **Datenmigrations- und Bereinigungsprozesse**:

- Um bestehende Einwilligungsdaten in das neue System zu migrieren, wurden spezialisierte Datenmigrations-Tools eingesetzt. Diese Tools ermöglichten die Bereinigung, Normalisierung und Transformation der Daten in das erforderliche Format für TOLERANT MPM.
- Automatisierte Skripte wurden verwendet, um die Konsistenz und Integrität der migrierten Daten sicherzustellen.

4. **Sicherheits- und Verschlüsselungstechniken**:

- Um die Sicherheit der Einwilligungsdaten zu gewährleisten, wurden fortschrittliche Verschlüsselungstechniken sowohl für die Datenübertragung als auch für die Datenspeicherung implementiert. Dies schloss die Nutzung von TLS für die Datenübertragung und AES für die Datenspeicherung ein.

- Zugriffsrechte wurden durch rollenbasierte Zugriffskontrollen und Mehr-Faktor-Authentifizierung gesichert.

5. **Echtzeit-Überwachung und Reporting-Tools**:

- Überwachungstools wurden eingesetzt, um die Integrität und Sicherheit der Daten in Echtzeit zu überwachen. Diese Tools ermöglichten es, potenzielle Verstöße und Anomalien sofort zu erkennen und entsprechende Maßnahmen zu ergreifen.
- Automatisierte Reporting-Tools wurden implementiert, um regelmäßige Compliance-Berichte zu erstellen und sicherzustellen, dass alle Datenschutzanforderungen erfüllt werden.

Prozesse

1. **Einwilligungs-Workflows**:

- Standardisierte Workflows wurden definiert, um den Prozess der Einwilligungserfassung, -verwaltung und -widerrufs zu automatisieren. Diese Workflows stellten sicher, dass alle Einwilligungen rechtskonform erfasst und dokumentiert wurden.
- Der Double-Opt-In-Prozess wurde integriert, um die Authentizität der Einwilligungen zu verifizieren und die Rechtssicherheit zu erhöhen.

2. **Schulungs- und Sensibilisierungsmaßnahmen**:

- Um sicherzustellen, dass alle Mitarbeiter die neuen Prozesse verstehen und einhalten, wurden umfangreiche Schulungsprogramme durchgeführt. Diese Schulungen deckten die rechtlichen Anforderungen der DSGVO sowie die technischen und organisatorischen Aspekte der Einwilligungsverwaltung ab.
- Regelmäßige Sensibilisierungskampagnen wurden durchgeführt, um das Bewusstsein für Datenschutz und Compliance zu stärken.

Rolle des Projektmanagements und der Stakeholder-Einbindung

Das Projektmanagement spielte eine entscheidende Rolle bei der erfolgreichen Implementierung von TOLERANT MPM. Durch eine strukturierte und methodische Herangehensweise konnte sichergestellt werden, dass alle technischen, organisatorischen und rechtlichen Anforderungen erfüllt wurden.

Projektmanagement-Ansatz

1. **Projektplanung und -steuerung**:

- Eine detaillierte Projektplanung wurde erstellt, die alle Phasen der Implementierung abdeckte, von der Anforderungsanalyse über die Entwicklung und Integration bis hin zu Tests und Go-Live. Dies ermöglichte eine klare Zeit- und Ressourcenplanung.
- Regelmäßige Statusmeetings und Fortschrittsberichte stellten sicher, dass das Projekt im Zeit- und Bud-

getrahmen blieb und etwaige Probleme frühzeitig erkannt und behoben werden konnten.

2. **Risikomanagement**:

- Potenzielle Risiken wurden frühzeitig identifiziert und bewertet. Entsprechende Risikomanagementstrategien wurden entwickelt, um diese Risiken zu minimieren. Dazu gehörten Maßnahmen wie zusätzliche Tests, Schulungen und Backup-Pläne.
- Ein Risikomanager wurde benannt, der regelmäßig die Risikolage überprüfte und die Implementierung entsprechender Maßnahmen überwachte.

Stakeholder-Einbindung

1. **Interne Stakeholder**:

- Eine enge Zusammenarbeit mit allen betroffenen Abteilungen, einschließlich IT, Marketing, Recht und Compliance, war entscheidend für den Projekterfolg. Regelmäßige Meetings und Workshops stellten sicher, dass alle Abteilungen auf dem gleichen Stand waren und ihre Anforderungen und Bedenken adressiert wurden.
- Key User und Fachexperten aus den jeweiligen Abteilungen wurden frühzeitig in das Projekt eingebunden, um ihre Expertise zu nutzen und die Akzeptanz der neuen Lösung zu erhöhen.

2. **Externe Stakeholder**:

- Zusammenarbeit mit externen Beratern und Dienstleistern, einschließlich TOLERANT Software, um sicherzustellen, dass die besten Praktiken und neuesten Technologien genutzt wurden. Diese Experten brachten wertvolles Know-how ein und unterstützten bei der Lösung technischer und organisatorischer Herausforderungen.
- Regelmäßige Abstimmungen mit Datenschutzbehörden und externen Auditoren stellten sicher, dass alle rechtlichen Anforderungen erfüllt und dokumentiert wurden.

Durch die sorgfältige Planung und Durchführung des Projekts sowie die enge Einbindung aller relevanten Stakeholder konnte das E-Commerce-Unternehmen die Implementierung von TOLERANT MPM erfolgreich abschließen. Dies führte zu einer deutlichen Verbesserung der Effizienz und Compliance seiner Marketingprozesse und stärkte das Vertrauen der Kunden in den verantwortungsvollen Umgang mit ihren Daten.

6.1.4 Ergebnisse und Bewertung

Erfolge und Verbesserungen im Marketing- und Daten schutzbereich

Die Implementierung von TOLERANT Marketing Permission Management (MPM) im E-Commerce-Unternehmen führte zu einer Reihe von bemerkenswerten Erfolgen und Verbesserungen, die sowohl den Marketingbereich als auch die Einhaltung von Datenschutzbestimmungen betrafen.

Erfolge im Marketingbereich

1. **Erhöhte Effizienz der Marketingkampagnen**: Durch die automatisierte Erfassung und Verwaltung von Einwilligungen konnten Marketingkampagnen schneller und gezielter durchgeführt werden. Dies führte zu einer Reduzierung der Zeit für die Kampagnenvorbereitung und einer verbesserten Ausrichtung auf die Zielgruppen.

2. **Verbesserte Zielgenauigkeit**: Die Nutzung aktueller und gültiger Einwilligungsdaten ermöglichte eine präzisere Ansprache der Kunden. Dies resultierte in einer höheren Konversionsrate und besseren Rücklaufquoten bei Marketingmaßnahmen.

3. **Reduzierung von Abmeldungen**: Die transparente Kommunikation über die Datennutzung und die einfache Möglichkeit zum Widerruf der Einwilligung erhöhten das Vertrauen der Kunden. Dies führte zu einer geringeren Abmelderate bei Newslettern und anderen Marketingkanälen.

4. **Kosteneinsparungen**: Durch die Vermeidung von Doppelansprachen und die gezielte Ausrichtung der Kampagnen konnten Marketingbudgets effizienter genutzt werden. Dies führte zu einer Senkung der Kosten pro Akquisition (CPA) und einer besseren Budgetkontrolle.

Erfolge im Datenschutzbereich

1. **Verbesserte Compliance**: Die Implementierung von TOLERANT MPM stellte sicher, dass alle Prozesse zur Einwilligungserfassung und -verwaltung den Anforderungen der Datenschutzgrundverordnung (DSGVO) entsprachen. Dies reduzierte das Risiko von Datenschutzverstößen und den damit verbundenen Strafen erheblich.

2. **Nachweisbarkeit der Einwilligungen**: Durch die zentrale Speicherung und Protokollierung aller Einwilligungen konnte das Unternehmen jederzeit nachweisen, dass die Kundendaten rechtskonform verarbeitet wurden. Dies erleichterte die Bearbeitung von Anfragen durch Aufsichtsbehörden und Kunden.

3. **Schnelle Reaktion auf Datenschutzanfragen**: Mit TOLERANT MPM konnte das Unternehmen Anfragen betroffener Personen, wie das Recht auf Auskunft oder Löschung, effizient und fristgerecht bearbeiten. Dies stärkte das Vertrauen der Kunden in den Umgang mit ihren Daten und verbesserte die Reputation des Unternehmens.

4. **Erhöhte Datensicherheit**: Durch die Implementierung fortschrittlicher Sicherheits- und Verschlüsselungstechniken wurde die Sicherheit der Einwilligungsdaten gewährleistet. Dies schützte die Daten vor unbefugtem Zugriff und Missbrauch.

Lessons Learned und mögliche Verbesserungen

Die Implementierung von TOLERANT MPM bot wertvolle Erkenntnisse, die in zukünftigen Projekten berücksichtigt werden können. Einige wichtige Lessons Learned und mögliche Verbesserungen umfassen:

1. **Frühe Einbindung aller Stakeholder**: Die Einbindung aller relevanten Abteilungen und Stakeholder von Anfang an erwies sich als entscheidend für den Projekterfolg. Dies förderte das Verständnis und die Akzeptanz der neuen Prozesse und Systeme. Künftig sollte noch stärker darauf geachtet werden, alle betroffenen Parteien frühzeitig einzubeziehen und deren Anforderungen und Bedenken zu berücksichtigen.

2. **Kontinuierliche Schulung und Sensibilisierung**: Regelmäßige Schulungen und Sensibilisierungskampagnen für die Mitarbeiter waren essentiell, um das Bewusstsein für Datenschutz und Compliance zu schärfen. In zukünftigen Projekten sollte der Schulungsbedarf kontinuierlich evaluiert und angepasst werden, um sicherzustellen, dass alle Mitarbeiter stets auf dem neuesten Stand sind.

3. **Flexibilität und Anpassungsfähigkeit**: Die Fähigkeit, schnell auf unerwartete Herausforderungen und Änderungen zu reagieren, war ein wichtiger Erfolgsfaktor. In Zukunft sollten flexible Projektpläne und agile Methoden stärker integriert werden, um die Anpassungsfähigkeit zu erhöhen und auf sich ändernde Anforderungen besser reagieren zu können.

4. **Datenqualität und -integrität**: Die Sicherstellung der Datenqualität und -integrität war eine zentrale Herausforderung. Es zeigte sich, dass regelmäßige Datenbereinigungsprozesse und strenge Qualitätskontrollen notwendig sind, um konsistente und korrekte Einwilligungsdaten zu gewährleisten. Künftig sollten noch engere Kontrollmechanismen und automatisierte Datenqualitätsprüfungen eingeführt werden.

5. **Verbesserung der Nutzererfahrung**: Die Benutzerfreundlichkeit der Einwilligungsprozesse und -tools spielte eine wichtige Rolle bei der Akzeptanz durch die Kunden. In zukünftigen Projekten sollten die Benutzeroberflächen und Interaktionspunkte regelmäßig getestet und optimiert werden, um eine möglichst reibungslose und intuitive Nutzererfahrung zu gewährleisten.

6. **Erweiterung der Reporting-Funktionen**: Obwohl die automatisierten Reporting-Tools eine erhebliche Verbesserung darstellten, gab es Potenzial zur Erweiterung. Zukünftig sollten detailliertere und individuell anpassbare Berichte entwickelt werden, um spezifische Anforderungen besser abzudecken und tiefere Einblicke in die Daten zu ermöglichen.

Insgesamt führte die Implementierung von TOLERANT MPM zu signifikanten Verbesserungen im Marketing- und Datenschutzbereich des E-Commerce-Unternehmens. Durch die Anwendung der gewonnenen Erkenntnisse und kontinuierliche Optimierung der Prozesse kann das Unternehmen seine Effizienz und Compliance weiter steigern und somit langfristig erfolgreich am Markt agieren.

6.2 Case Study 2: Anwendung von TOLERANT MPM in einer multinationalen Marketingabteilung

6.2.1 Kontext und Herausforderungen

Vorstellung des multinationalen Unternehmens und des Marketingkontextes

Das multinationale Unternehmen in dieser Fallstudie ist ein weltweit führender Hersteller von Konsumgütern, der in über 50 Ländern tätig ist. Das Produktportfolio umfasst verschiedene Marken in den Bereichen Lebensmittel, Haushaltswaren und Körperpflege. Mit Millionen von Kunden weltweit ist das Unternehmen stark auf gezielte Marketingkampagnen angewiesen, um seine Produkte zu bewerben und die Kundenbindung zu stärken. Die Marketingabteilung spielt eine zentrale Rolle in der Unternehmensstrategie und nutzt eine Vielzahl von Kanälen, darunter E-Mail-Marketing, soziale Medien, mobile Apps und traditionelle Medien.

Angesichts der globalen Reichweite und der vielfältigen Marketingaktivitäten stand das Unternehmen vor der Herausforderung, ein einheitliches System zur Verwaltung von Kundeneinwilligungen und Datenschutzanforderungen zu implementieren. Die Einhaltung der Datenschutzbestimmungen in den verschiedenen Ländern, in denen das Unternehmen tätig ist, war eine besonders komplexe Aufgabe. Diese Anforderungen betrafen sowohl die rechtlichen als auch die kulturellen Unterschiede in den einzelnen Märkten.

Herausforderungen durch unterschiedliche Datenschutzgesetze in verschiedenen Ländern

Die größte Herausforderung bei der Implementierung von TOLERANT Marketing Permission Management (MPM) war die Einhaltung der unterschiedlichen Datenschutzgesetze in den verschiedenen Ländern. Jedes Land hat spezifische Anforderungen und Vorschriften, die berücksichtigt werden müssen, um rechtliche Konsequenzen und Reputationsschäden zu vermeiden. Hier sind einige der wichtigsten Herausforderungen:

1. **Komplexität der Gesetzeslandschaft**:

   - In der Europäischen Union (EU) gilt die Datenschutzgrundverordnung (DSGVO), die strenge Anforderungen an die Einholung und Verwaltung von Kundeneinwilligungen stellt. Dies umfasst das Recht auf Auskunft, Berichtigung, Löschung und Widerspruch gegen die Datenverarbeitung.

- In den USA gibt es keinen einheitlichen nationalen Datenschutzstandard, sondern verschiedene bundesstaatliche Gesetze wie den California Consumer Privacy Act (CCPA), der spezifische Rechte für die Verbraucher in Kalifornien festlegt.
- In anderen Regionen wie Asien und Lateinamerika variieren die Datenschutzgesetze stark. Länder wie Japan, Südkorea und Brasilien haben eigene Datenschutzgesetze eingeführt, die ebenfalls beachtet werden müssen.

2. **Kulturelle Unterschiede und Kundenerwartungen**:

- Neben den rechtlichen Unterschieden gibt es auch kulturelle Unterschiede in Bezug auf den Umgang mit persönlichen Daten. In einigen Ländern sind die Verbraucher sensibler gegenüber Datenschutzfragen und erwarten von den Unternehmen, dass sie ihre Daten besonders sorgfältig behandeln.
- Die Erwartungen der Kunden in Bezug auf die Transparenz und Verständlichkeit der Einwilligungserklärungen können ebenfalls variieren. Es ist wichtig, dass die Einwilligungsprozesse und -texte an die lokalen Gegebenheiten angepasst werden, um das Vertrauen der Kunden zu gewinnen und zu erhalten.

3. **Technische und organisatorische Anpassungen**:

- Die Integration von TOLERANT MPM in die bestehenden IT-Systeme des Unternehmens musste so gestaltet werden, dass sie die unterschiedlichen Anforderungen in den verschiedenen Ländern erfüllen konnte. Dies betraf insbesondere die Datenhaltung,

> die Lokalisierung der Einwilligungsformulare und die Verwaltung der Einwilligungen in mehreren Sprachen.
>
> - Organisatorisch musste sichergestellt werden, dass alle Mitarbeiter in den verschiedenen Ländern über die lokalen Datenschutzbestimmungen informiert und entsprechend geschult waren. Dies umfasste auch die Anpassung interner Prozesse und Richtlinien.

4. **Zentrale Steuerung und lokale Anpassung**:

> - Eine weitere Herausforderung bestand darin, ein zentrales System zur Verwaltung der Einwilligungen zu schaffen, das dennoch ausreichend flexibel war, um lokale Anpassungen zu ermöglichen. Dies erforderte eine enge Zusammenarbeit zwischen der zentralen IT-Abteilung und den lokalen Marketing-Teams.
> - Es musste sichergestellt werden, dass die zentrale Steuerung die Einhaltung der globalen Datenschutzstandards gewährleistete, während gleichzeitig lokale Besonderheiten berücksichtigt wurden.

Die Implementierung von TOLERANT MPM ermöglichte es dem multinationalen Unternehmen, diese Herausforderungen erfolgreich zu meistern. Durch die Zentralisierung der Einwilligungsverwaltung und die Anpassung an lokale Anforderungen konnte das Unternehmen die Einhaltung der Datenschutzbestimmungen sicherstellen und gleichzeitig die Effizienz und Effektivität seiner Marketingaktivitäten steigern. In den folgenden Abschnitten dieser Fallstudie werden die spezifischen Lösungsansätze und Implementierungsstrategien sowie die erzielten Ergebnisse und Erkenntnisse im Detail beschrieben.

6.2.2 Anpassung der Strategien an verschiedene Rechtsräume

Die Anpassung der Marketing- und Datenschutzstrategien an verschiedene Rechtsräume ist eine wesentliche Herausforderung für multinationale Unternehmen. Diese Fallstudie beleuchtet, wie das E-Commerce-Unternehmen TOLERANT Marketing Permission Management (MPM) erfolgreich integriert hat, um die Compliance mit den unterschiedlichen Datenschutzgesetzen in den Märkten, in denen es tätig ist, zu gewährleisten.

Anpassungen im Marketing- und Datenschutzmanagement

Marketing-Management

1. **Lokalisierung der Einwilligungsprozesse**:

   - Jede Region hat spezifische Anforderungen an die Art und Weise, wie Kundeneinwilligungen eingeholt und verwaltet werden müssen. Das Unternehmen hat seine Einwilligungsprozesse lokalisiert, um den gesetzlichen und kulturellen Anforderungen gerecht zu werden. Dies umfasste die Anpassung der Einwilligungstexte und -formulare an die jeweilige Landessprache und lokale Bestimmungen.

   - In Europa, wo die Datenschutzgrundverordnung (DSGVO) gilt, wurden detaillierte Einwilligungsformulare eingesetzt, die klar und verständlich über die Zwecke der Datenverarbeitung informieren und einfache Möglichkeiten zum Widerruf bieten. In den

USA wurden hingegen die Einwilligungsprozesse gemäß den Anforderungen des California Consumer Privacy Act (CCPA) gestaltet.

2. **Segmentierung und Zielgruppenansprache**:

- Die Marketingkampagnen wurden gezielt an die verschiedenen Marktsegmente angepasst. Dies bedeutete, dass die Kampagneninhalte und Kommunikationskanäle auf die Vorlieben und Erwartungen der Kunden in den jeweiligen Regionen abgestimmt wurden.
- Durch die Nutzung der Einwilligungsdaten konnte das Unternehmen sicherstellen, dass nur Kunden angesprochen wurden, die ihre Zustimmung gegeben hatten, was die Effektivität der Kampagnen steigerte und die Abmelderaten reduzierte.

3. **Konsistenz und Markenwahrnehmung**:

- Trotz der lokalen Anpassungen wurde darauf geachtet, die Konsistenz der Markenbotschaften weltweit zu bewahren. Dies trug dazu bei, die Markenwahrnehmung zu stärken und ein einheitliches Markenerlebnis zu bieten, unabhängig davon, in welchem Land der Kunde sich befindet.

Datenschutzmanagement

1. **Zentrale Verwaltung mit lokaler Anpassung**:

- TOLERANT MPM ermöglichte eine zentrale Verwaltung der Kundeneinwilligungen, wobei gleichzeitig lokale Anpassungen berücksichtigt wurden. Dies bedeutete, dass die Einwilligungsdaten zentral gespeichert und verwaltet wurden, während die spezifischen Anforderungen der verschiedenen Rechtsräume durch konfigurierbare Einstellungen und lokale Policies umgesetzt wurden.

- Lokale Datenschutzbeauftragte wurden in die Prozesse eingebunden, um sicherzustellen, dass alle regionalen Anforderungen erfüllt wurden und bei Änderungen der lokalen Gesetze schnell reagiert werden konnte.

2. **Schulung und Sensibilisierung**:

- Um die Einhaltung der Datenschutzgesetze sicherzustellen, wurden umfangreiche Schulungsprogramme für Mitarbeiter in den verschiedenen Regionen durchgeführt. Diese Schulungen umfassten sowohl allgemeine Datenschutzthemen als auch spezifische regionale Anforderungen.
- Regelmäßige Sensibilisierungskampagnen halfen, das Bewusstsein für Datenschutzthemen zu stärken und sicherzustellen, dass alle Mitarbeiter über die aktuellen Bestimmungen und Prozesse informiert waren.

3. **Technologische Unterstützung**:

- Die Implementierung von TOLERANT MPM ermöglichte es, Datenschutzanforderungen technologisch zu unterstützen. Dies umfasste die automatische Protokollierung von Einwilligungen, die Verschlüsselung sensibler Daten und die Bereitstellung von Mechanismen zur schnellen und effizienten Bearbeitung von Anfragen betroffener Personen.

Spezifische Lösungen für Compliance in unterschiedlichen Märkten

Europa – Datenschutzgrundverordnung (DSGVO)

1. **Double-Opt-In-Verfahren**:

   - In Europa wurde das Double-Opt-In-Verfahren eingesetzt, um die Authentizität der Einwilligungen zu gewährleisten. Kunden mussten ihre Einwilligung zunächst online geben und diese anschließend durch Klick auf einen Bestätigungslink in einer E-Mail verifizieren.
   - Dieses Verfahren stellte sicher, dass alle Einwilligungen dokumentiert und nachvollziehbar waren, was die Rechtssicherheit erhöhte.

2. **Transparente Informationspolitik**:

   - Kunden wurden umfassend über die Zwecke der Datenverarbeitung, ihre Rechte und die Kontaktmöglichkeiten zum Datenschutzbeauftragten informiert. Dies erfolgte durch leicht verständliche Datenschutzerklärungen und regelmäßige Updates.

USA – California Consumer Privacy Act (CCPA)

1. **Opt-Out-Möglichkeiten**:

   - In Kalifornien wurde besonderer Wert auf die Bereitstellung von Opt-Out-Möglichkeiten gelegt. Kunden hatten jederzeit die Möglichkeit, der Verarbeitung ihrer Daten zu widersprechen und die Löschung ihrer Daten zu verlangen.
   - Das Unternehmen integrierte einfache und zugängliche Opt-Out-Mechanismen in alle Kommunikationskanäle, um den Anforderungen des CCPA gerecht zu werden.

2. **Benachrichtigungspflichten**:

   - Kunden wurden bei der Erfassung ihrer Daten explizit darüber informiert, welche Daten zu welchem Zweck verarbeitet wurden und wie sie ihre Datenschutzrechte ausüben können. Dies umfasste klare Hinweise auf die Opt-Out-Optionen und die Rechte der Verbraucher gemäß dem CCPA.

Japan – Act on the Protection of Personal Information (APPI)

1. **Einwilligung und Offenlegung**:

   - In Japan wurden spezielle Einwilligungs- und Offenlegungsverfahren implementiert, um den Anforderungen des APPI gerecht zu werden. Kunden mussten explizit zustimmen, bevor ihre Daten für Marketingzwecke verwendet wurden.
   - Es wurden detaillierte Offenlegungen über die Zwecke der Datenverarbeitung und die Weitergabe von

Daten an Dritte bereitgestellt, um die Transparenz zu gewährleisten.

2. **Sicherheitsmaßnahmen**:

- Besondere Sicherheitsmaßnahmen wurden ergriffen, um die Vertraulichkeit und Integrität der Daten zu schützen. Dies umfasste die Implementierung strenger Zugriffskontrollen und die regelmäßige Überprüfung der Sicherheitspraktiken.

Brasilien – Lei Geral de Proteção de Dados (LGPD)

1. **Einwilligungsmanagement**:

- In Brasilien wurde ein robustes Einwilligungsmanagementsystem implementiert, das den Anforderungen des LGPD entsprach. Dies umfasste die Erfassung expliziter Einwilligungen und die Bereitstellung klarer Informationen über die Zwecke der Datenverarbeitung.
- Das System ermöglichte es den Kunden, ihre Einwilligungen einfach zu verwalten und zu widerrufen.

2. **Datentransfer und -speicherung**:

- Besondere Maßnahmen wurden ergriffen, um den internationalen Datentransfer zu regeln und sicherzustellen, dass die Daten sicher gespeichert wurden. Dies umfasste die Nutzung von Datenzentren innerhalb Brasiliens und die Einhaltung der Anforderungen an den grenzüberschreitenden Datentransfer gemäß dem LGPD.

Durch die gezielte Anpassung der Strategien an die unterschiedlichen rechtlichen und kulturellen Anforderungen der verschiedenen Märkte konnte das Unternehmen die Einhaltung der Datenschutzbestimmungen sicherstellen und gleichzeitig die Effizienz und Effektivität seiner Marketingaktivitäten steigern. Die Implementierung von TOLERANT MPM ermöglichte eine flexible und skalierbare Lösung, die den globalen Anforderungen gerecht wurde und das Vertrauen der Kunden in den Umgang mit ihren Daten stärkte.

6.2.3 Implementierungsprozess und -techniken

Die Implementierung von TOLERANT Marketing Permission Management (MPM) in einem multinationalen Unternehmen erfordert eine sorgfältige Planung und Durchführung, um die technischen und organisatorischen Anforderungen zu erfüllen und die Einhaltung der Datenschutzbestimmungen sicherzustellen. In diesem Abschnitt werden die Details zur technischen Umsetzung und zur organisatorischen Anpassung sowie der Einsatz von lokalen und zentralen Ressourcen zur Compliance-Sicherung beschrieben.

Details zur technischen Umsetzung und zur organisatorischen Anpassung

Technische Umsetzung

1. **Systemarchitektur und Integration:**

   - Die Systemarchitektur von TOLERANT MPM wurde so gestaltet, dass sie eine nahtlose Integration mit den bestehenden IT-Systemen des Unternehmens ermöglichte. Dies umfasste die Verbindung mit CRM-,

ERP- und Marketing-Automatisierungssystemen über standardisierte Schnittstellen wie RESTful APIs.

- Ein zentrales Datenrepository wurde eingerichtet, um alle Einwilligungsdaten zu speichern und zu verwalten. Dies ermöglichte eine konsolidierte Sicht auf die Kundeneinwilligungen und stellte sicher, dass die Daten zentral verfügbar waren.

2. **Datenmigration und -bereinigung**:

- Bestehende Einwilligungsdaten wurden aus verschiedenen Systemen extrahiert, bereinigt und in das neue TOLERANT MPM-System migriert. Dabei kamen spezialisierte Migrationswerkzeuge zum Einsatz, die eine hohe Datenqualität sicherstellten und Datenverluste vermieden.
- Die Datenbereinigung umfasste die Normalisierung von Datensätzen, die Entfernung von Duplikaten und die Korrektur fehlerhafter Einträge, um eine konsistente und zuverlässige Datenbasis zu schaffen.

3. **Sicherheits- und Zugriffskontrollen**:

- Um die Sicherheit der Einwilligungsdaten zu gewährleisten, wurden fortschrittliche Verschlüsselungstechniken sowohl für die Datenübertragung als auch für die Datenspeicherung implementiert. Dies schloss die Nutzung von TLS für die Übertragung und AES für die Speicherung ein.
- Rollenbasierte Zugriffskontrollen und Mehr-Faktor-Authentifizierung wurden eingeführt, um sicherzu-

stellen, dass nur autorisierte Personen Zugriff auf die sensiblen Daten hatten.

4. **Automatisierte Workflows und Echtzeit-Synchronisation**:

   - Automatisierte Workflows wurden definiert, um die Erfassung, Verwaltung und Aktualisierung der Einwilligungen zu standardisieren. Dies umfasste auch die Implementierung des Double-Opt-In-Verfahrens, um die Authentizität der Einwilligungen zu gewährleisten.
   - Die Echtzeit-Synchronisation zwischen TOLERANT MPM und den bestehenden Systemen stellte sicher, dass die Einwilligungsdaten stets aktuell und konsistent waren.

Organisatorische Anpassung

1. **Projektmanagement und Steuerung**:

   - Ein dediziertes Projektmanagementteam wurde eingerichtet, um die Implementierung von TOLERANT MPM zu steuern. Dieses Team war verantwortlich für die Planung, Koordination und Überwachung aller Implementierungsaktivitäten.
   - Regelmäßige Statusmeetings und Fortschrittsberichte stellten sicher, dass das Projekt im Zeit- und Budgetrahmen blieb und auftretende Probleme schnell gelöst wurden.

2. **Schulungs- und Sensibilisierungsprogramme**:

   - Um sicherzustellen, dass alle Mitarbeiter die neuen Prozesse und Systeme verstanden, wurden umfang-

reiche Schulungsprogramme durchgeführt. Diese
Schulungen umfassten die rechtlichen Anforderungen der Datenschutzgesetze sowie die technischen
und organisatorischen Aspekte der Einwilligungsverwaltung.

- Sensibilisierungskampagnen wurden regelmäßig
durchgeführt, um das Bewusstsein für Datenschutzthemen zu stärken und die Bedeutung der Einhaltung der Datenschutzbestimmungen zu betonen.

3. **Kommunikation und Stakeholder-Einbindung**:

- Eine klare und transparente Kommunikation war entscheidend, um die Akzeptanz der neuen Systeme
und Prozesse zu fördern. Alle relevanten Stakeholder, einschließlich der lokalen Datenschutzbeauftragten, IT- und Marketing-Teams, wurden regelmäßig über den Fortschritt der Implementierung informiert.

- Workshops und Feedbackrunden halfen, die Bedürfnisse und Bedenken der Stakeholder zu berücksichtigen und die Implementierungsstrategie entsprechend anzupassen.

Einsatz von lokalen und zentralen Ressourcen zur Compliance-Sicherung

Der erfolgreiche Einsatz von TOLERANT MPM in einem multinationalen Unternehmen erfordert eine sorgfältige Balance zwischen zentralen und lokalen Ressourcen. Dies gewährleistet die Einhaltung der globalen und regionalen Datenschutzanforderungen.

Zentrale Ressourcen

1. **Zentrales Datenmanagement**:

   - Ein zentrales Team war für die Verwaltung der globalen Einwilligungsdatenbank verantwortlich. Dieses Team stellte sicher, dass die Datenintegrität gewahrt blieb und dass die zentralen Richtlinien und Standards eingehalten wurden.
   - Durch die zentrale Verwaltung konnten Best Practices und standardisierte Prozesse entwickelt und implementiert werden, die weltweit angewendet wurden.

2. **Zentrale IT-Infrastruktur**:

   - Die zentrale IT-Infrastruktur umfasste die Server und Datenzentren, die für die Speicherung und Verarbeitung der Einwilligungsdaten genutzt wurden. Diese Infrastruktur wurde so gestaltet, dass sie skalierbar und sicher war, um den Anforderungen der verschiedenen Regionen gerecht zu werden.
   - Regelmäßige Sicherheitsüberprüfungen und Updates stellten sicher, dass die zentralen Systeme den neuesten Sicherheitsstandards entsprachen.

Lokale Ressourcen

1. **Lokale Datenschutzbeauftragte**:

   - In jedem Land, in dem das Unternehmen tätig war, wurden lokale Datenschutzbeauftragte ernannt. Diese Beauftragten waren dafür verantwortlich, sicherzustellen, dass die regionalen Datenschutzgesetze eingehalten wurden und dass alle lokalen Anpassungen vorgenommen wurden.

- Sie fungierten als Bindeglied zwischen dem zentralen Team und den lokalen Einheiten, um sicherzustellen, dass die zentralen Richtlinien korrekt umgesetzt und an die lokalen Gegebenheiten angepasst wurden.

2. **Regionale Schulungen und Support**:

- Regionale Schulungen wurden durchgeführt, um sicherzustellen, dass alle lokalen Mitarbeiter über die spezifischen Datenschutzanforderungen ihres Landes informiert waren. Diese Schulungen wurden in der jeweiligen Landessprache und unter Berücksichtigung der lokalen kulturellen Gegebenheiten durchgeführt.
- Ein regionales Support-Team stand zur Verfügung, um bei Fragen oder Problemen Unterstützung zu bieten und sicherzustellen, dass die lokalen Einheiten die zentralen Systeme effektiv nutzen konnten.

3. **Anpassung an lokale Gesetzesänderungen**:

- Da Datenschutzgesetze sich häufig ändern, war es wichtig, dass das Unternehmen flexibel auf neue Anforderungen reagieren konnte. Lokale Ressourcen wurden genutzt, um Gesetzesänderungen schnell zu erkennen und die Systeme und Prozesse entsprechend anzupassen.
- Durch die enge Zusammenarbeit zwischen den zentralen und lokalen Teams konnte sichergestellt wer-

den, dass alle Anpassungen effizient und rechtzeitig umgesetzt wurden.

Durch die Kombination zentraler und lokaler Ressourcen konnte das Unternehmen die Implementierung von TOLERANT MPM erfolgreich abschließen und die Einhaltung der Datenschutzgesetze in den verschiedenen Märkten sicherstellen. Diese Herangehensweise ermöglichte es, die Vorteile einer zentralen Datenverwaltung zu nutzen und gleichzeitig die spezifischen Anforderungen der einzelnen Länder zu berücksichtigen. Dies führte zu einer verbesserten Compliance, erhöhter Effizienz und einem stärkeren Vertrauen der Kunden in den verantwortungsvollen Umgang mit ihren Daten.

6.2.4 Ergebnisse und Learnings

Auswirkungen auf das internationale Marketing

Die Implementierung von TOLERANT Marketing Permission Management (MPM) hatte signifikante Auswirkungen auf das internationale Marketing des multinationalen Unternehmens. Durch die Einführung dieses Systems konnten zahlreiche Verbesserungen und positive Entwicklungen verzeichnet werden.

Verbesserte Zielgruppenansprache und Kampagneneffizienz

1. **Präzisere Zielgruppenansprache**:

   - Durch die zentrale Erfassung und Verwaltung der Einwilligungsdaten konnte das Unternehmen seine Marketingkampagnen gezielter ausrichten. Dies führte zu einer präziseren Ansprache der Zielgruppen, da sichergestellt war, dass nur Kunden kontak-

tiert wurden, die ihre ausdrückliche Zustimmung gegeben hatten.
- Die erhöhte Genauigkeit der Zielgruppenansprache resultierte in einer höheren Konversionsrate und einem verbesserten Return on Investment (ROI) für die Marketingkampagnen.

2. **Effizienzsteigerung in der Kampagnenplanung**:

- Die Automatisierung der Einwilligungsverwaltung und die Echtzeit-Synchronisation der Daten ermöglichten eine schnellere und effizientere Planung und Durchführung von Marketingkampagnen. Dies reduzierte den administrativen Aufwand und beschleunigte die Markteinführungszeit neuer Kampagnen.
- Marketingteams konnten sich stärker auf kreative und strategische Aspekte konzentrieren, da weniger Zeit für administrative Aufgaben und die Verwaltung von Einwilligungen aufgewendet werden musste.

Stärkung der Kundenbeziehungen und des Vertrauens

1. **Erhöhte Transparenz und Kundenvertrauen**:

- Die transparenten und rechtskonformen Prozesse zur Einwilligungserfassung und -verwaltung stärkten das Vertrauen der Kunden in den Umgang des Unternehmens mit ihren Daten. Kunden fühlten sich besser informiert und hatten die Kontrolle über ihre Daten, was zu einer höheren Zufriedenheit und Loyalität führte.

- Die Möglichkeit für Kunden, ihre Einwilligungen jederzeit einfach zu verwalten und zu widerrufen, förderte ein Gefühl der Sicherheit und des Vertrauens.

2. **Positive Auswirkungen auf die Markenwahrnehmung**:

- Die Einhaltung der Datenschutzbestimmungen und der respektvolle Umgang mit Kundendaten trugen zur positiven Wahrnehmung der Marke bei. Das Unternehmen konnte sich als vertrauenswürdiger und verantwortungsbewusster Marktteilnehmer positionieren, was die Markenreputation stärkte.

Einhaltung globaler Datenschutzvorschriften

1. **Reduzierung des Compliance-Risikos**:

- Die Implementierung von TOLERANT MPM stellte sicher, dass das Unternehmen die verschiedenen Datenschutzvorschriften in den unterschiedlichen Märkten einhielt. Dies reduzierte das Risiko von Datenschutzverstößen und den damit verbundenen rechtlichen und finanziellen Konsequenzen erheblich.
- Durch die zentrale Verwaltung und Dokumentation der Einwilligungen konnte das Unternehmen jederzeit nachweisen, dass die Kundendaten rechtskonform verarbeitet wurden, was die Zusammenarbeit mit Aufsichtsbehörden erleichterte.

2. **Flexibilität bei Gesetzesänderungen**:

- Die flexible Systemarchitektur ermöglichte eine schnelle Anpassung an neue oder geänderte Daten-

144

schutzgesetze in den verschiedenen Ländern. Dies stellte sicher, dass das Unternehmen stets auf dem neuesten Stand der rechtlichen Anforderungen blieb und schnell auf regulatorische Änderungen reagieren konnte.

Bewertung der Effektivität und der Übertragbarkeit der Lösungen

Die Implementierung von TOLERANT MPM erwies sich als äußerst effektiv für das multinationale Unternehmen und bot wertvolle Erkenntnisse, die auf andere Unternehmen und Branchen übertragen werden können.

Effektivität der Implementierung

1. **Erhöhung der Datenqualität:**

   - Die zentrale und automatisierte Verwaltung der Einwilligungsdaten führte zu einer signifikanten Erhöhung der Datenqualität. Die Reduzierung von Dubletten und die Sicherstellung konsistenter und aktueller Daten trugen zur Effizienzsteigerung und Genauigkeit der Marketingmaßnahmen bei.
   - Die verbesserte Datenqualität ermöglichte eine präzisere Analyse und Auswertung der Marketingaktivitäten, was zu fundierteren Entscheidungen und besseren Ergebnissen führte.

2. **Kosteneffizienz:**

   - Die Automatisierung und Zentralisierung der Einwilligungsprozesse führten zu erheblichen Kosteneinsparungen. Der reduzierte administrative Aufwand und die effizientere Nutzung der Marketingbudgets trugen zur Kosteneffizienz bei.

- Durch die verbesserte Zielgruppenansprache und die höheren Konversionsraten konnte das Unternehmen seine Marketingausgaben optimieren und den ROI maximieren.

Übertragbarkeit der Lösungen

1. **Anpassungsfähigkeit an verschiedene Branchen**:

   - Die Prinzipien und Techniken der Implementierung von TOLERANT MPM sind nicht auf den E-Commerce-Sektor beschränkt. Sie können auf eine Vielzahl von Branchen angewendet werden, die mit großen Datenmengen und strengen Datenschutzanforderungen umgehen müssen, wie Finanzdienstleistungen, Gesundheitswesen und Telekommunikation.

   - Unternehmen in diesen Branchen können von den gleichen Vorteilen profitieren, die das multinationale E-Commerce-Unternehmen erzielt hat, indem sie die zentralen und automatisierten Einwilligungsmanagementlösungen nutzen.

2. **Skalierbarkeit und Flexibilität**:

   - Die skalierbare Architektur von TOLERANT MPM ermöglicht eine einfache Anpassung und Erweiterung, um den spezifischen Bedürfnissen und Anforderungen unterschiedlicher Unternehmen gerecht zu werden. Dies stellt sicher, dass die Lösungen sowohl für kleine Unternehmen als auch für große multinationale Konzerne geeignet sind.

- Die Flexibilität der Systemarchitektur erleichtert die Anpassung an verschiedene gesetzliche Rahmenbedingungen und kulturelle Anforderungen, was die Implementierung in verschiedenen Märkten und Regionen unterstützt.

Schlussfolgerung

Die Implementierung von TOLERANT MPM in der multinationalen Marketingabteilung des Unternehmens zeigte, dass eine zentrale und automatisierte Verwaltung von Kundeneinwilligungen erhebliche Vorteile bietet. Die Erhöhung der Datenqualität, die Verbesserung der Marketingeffizienz, die Stärkung des Kundenvertrauens und die Einhaltung globaler Datenschutzvorschriften waren entscheidende Erfolgsfaktoren. Die Erkenntnisse aus dieser Fallstudie sind auf andere Unternehmen und Branchen übertragbar und bieten einen wertvollen Leitfaden für die erfolgreiche Implementierung von Datenschutz- und Marketinglösungen.

Kapitel 7. Zukünftige Entwicklungen und Trends

7.1 Technologische Innovationen im Bereich Datenschutz und Marketing

Die rasante Entwicklung der Technologie verändert ständig die Art und Weise, wie Unternehmen Daten verwalten und nutzen. Künstliche Intelligenz (KI) und maschinelles Lernen (ML) sind zwei der wichtigsten Innovationsbereiche, die erhebliche Auswirkungen auf den Datenschutz und das Marketing haben. Diese Technologien bieten neue Möglichkeiten zur Optimierung von Prozessen, Verbesserung der Datensicherheit und Steigerung der Effizienz von Marketingkampagnen.

7.1.1 Künstliche Intelligenz und maschinelles Lernen

Automatisierte Einwilligungsverwaltung

KI und ML können die Verwaltung von Kundeneinwilligungen erheblich vereinfachen und verbessern. Durch den Einsatz fortschrittlicher Algorithmen können Unternehmen die Einwilligungen ihrer Kunden in Echtzeit überwachen und verwalten. Dies umfasst:

- **Intelligente Analyse von Einwilligungen**: KI-Systeme können große Mengen an Einwilligungsdaten analysieren, um Muster und Trends zu erkennen. Dies ermöglicht es Unternehmen, ihre Einwilligungsstrategien zu optimieren und sicherzustellen, dass sie den aktuellen gesetzlichen Anforderungen entsprechen.

- **Automatische Aktualisierung und Benachrichtigung**: Maschinelles Lernen kann verwendet werden, um automatisch Änderungen in den Einwilligungsanforderungen zu erkennen und die Kunden entsprechend zu benachrichtigen. Dies stellt sicher, dass die Einwilligungen stets aktuell und gültig sind.

Datenschutz-Compliance und Risikoerkennung

KI-gestützte Tools können Unternehmen dabei helfen, die Einhaltung von Datenschutzvorschriften sicherzustellen und potenzielle Risiken frühzeitig zu erkennen:

- **Echtzeit-Compliance-Monitoring**: KI-Systeme können kontinuierlich die Datenverarbeitungsaktivitäten überwachen und sicherstellen, dass alle Vorgänge den geltenden Datenschutzbestimmungen entsprechen. Bei Abweichungen oder potenziellen Verstößen werden automatisch Warnungen generiert und Maßnahmen zur Behebung eingeleitet.
- **Risikobewertung und -management**: Maschinelles Lernen kann verwendet werden, um Datenverarbeitungsprozesse zu analysieren und potenzielle Risiken zu identifizieren. Dies ermöglicht eine proaktive Risikobewältigung und hilft Unternehmen, Datenschutzverletzungen zu verhindern.

Personalisierung und Zielgruppenanalyse im Marketing

KI und ML revolutionieren die Art und Weise, wie Unternehmen ihre Marketingkampagnen planen und durchführen:

- **Personalisierte Marketingkampagnen**: Durch die Analyse von Kundendaten können KI-gestützte Systeme personalisierte Inhalte und Angebote erstellen, die genau auf die Interessen und Bedürfnisse der einzelnen Kunden zugeschnitten sind. Dies erhöht die Relevanz und Effektivität der Marketingmaßnahmen.

- **Vorhersage von Kundenverhalten**: Maschinelles Lernen kann verwendet werden, um Vorhersagen über das zukünftige Verhalten der Kunden zu treffen. Dies ermöglicht es Unternehmen, ihre Marketingstrategien anzupassen und proaktiv auf Veränderungen in den Kundenpräferenzen zu reagieren.

Verbesserte Datenqualität und -sicherheit

KI und ML können auch dazu beitragen, die Qualität und Sicherheit der Daten zu verbessern:

- **Automatisierte Datenbereinigung**: KI-gestützte Tools können Datenbanken kontinuierlich auf Fehler und Unstimmigkeiten überprüfen und automatisch bereinigen. Dies stellt sicher, dass die Daten stets korrekt und aktuell sind.
- **Erkennung von Anomalien**: Maschinelles Lernen kann verwendet werden, um Anomalien in den Datenverarbeitungsprozessen zu erkennen, die auf potenzielle Sicherheitsvorfälle hinweisen könnten. Durch die frühzeitige Erkennung solcher Anomalien können Unternehmen schneller reagieren und Sicherheitsmaßnahmen ergreifen.

Herausforderungen und Chancen

Während KI und ML erhebliche Vorteile für den Datenschutz und das Marketing bieten, gibt es auch Herausforderungen, die berücksichtigt werden müssen:

- **Datenethik und Transparenz**: Der Einsatz von KI und ML erfordert eine sorgfältige Abwägung ethischer Fragen und die

Sicherstellung von Transparenz in den Datenverarbeitungsprozessen. Unternehmen müssen sicherstellen, dass ihre KI-Systeme fair und transparent arbeiten und die Privatsphäre der Kunden respektieren.

- **Integration und Skalierbarkeit**: Die erfolgreiche Implementierung von KI- und ML-Technologien erfordert eine sorgfältige Planung und Integration in die bestehenden IT-Infrastrukturen. Unternehmen müssen sicherstellen, dass ihre Systeme skalierbar sind und den wachsenden Anforderungen gerecht werden können.

Zukunftsaussichten

Die kontinuierliche Weiterentwicklung von KI und ML wird die Art und Weise, wie Unternehmen mit Daten umgehen, weiter transformieren. In Zukunft werden wir wahrscheinlich eine noch stärkere Integration dieser Technologien in die Datenschutz- und Marketingprozesse sehen. Unternehmen, die in der Lage sind, diese Technologien effektiv zu nutzen, werden erhebliche Wettbewerbsvorteile erzielen und in der Lage sein, ihre Kundenbeziehungen zu stärken und ihre Marketingeffizienz zu maximieren.

Insgesamt bieten KI und ML enorme Potenziale für die Optimierung von Datenschutz- und Marketingprozessen. Durch die intelligente Nutzung dieser Technologien können Unternehmen nicht nur ihre Compliance verbessern und Risiken minimieren, sondern auch personalisierte und effektive Marketingstrategien entwickeln, die auf den individuellen Bedürfnissen ihrer Kunden basieren.

7.2 Rechtliche Veränderungen und ihre Auswirkungen auf das Permission Marketing

In einer Welt, die zunehmend digitalisiert ist, bleibt der Datenschutz ein dynamisches und sich ständig weiterentwickelndes Feld. Neue gesetzliche Regelungen und Änderungen bestehender Gesetze haben direkte und tiefgreifende Auswirkungen auf das Permission Marketing. Unternehmen müssen sich auf diese rechtlichen Veränderungen einstellen und ihre Marketingstrategien entsprechend anpassen, um weiterhin rechtskonform agieren zu können und das Vertrauen ihrer Kunden zu wahren.

Vorausschau auf künftige Datenschutzgesetze

Erweiterung der Datenschutzgrundverordnung (DSGVO)

Seit ihrer Einführung im Mai 2018 hat die DSGVO als einheitliches Datenschutzgesetz in der Europäischen Union Maßstäbe gesetzt. Doch die Entwicklungen gehen weiter. In den kommenden Jahren sind folgende Änderungen und Erweiterungen zu erwarten:

1. **Strengere Durchsetzung und höhere Strafen:**

   - Die Europäische Kommission plant, die Durchsetzung der DSGVO weiter zu verschärfen. Dies könnte zu häufigeren und intensiveren Prüfungen durch Datenschutzbehörden führen.
   - Höhere Geldstrafen für Verstöße könnten ebenfalls eingeführt werden, um Unternehmen zu mehr Compliance zu zwingen. Unternehmen müssen daher ihre Datenschutzpraktiken kontinuierlich überprüfen und verbessern.

2. **Erweiterung der Rechte betroffener Personen**:

   - Es ist wahrscheinlich, dass die Rechte der betroffenen Personen weiter gestärkt werden. Dies könnte neue Rechte wie das Recht auf Einschränkung der Datenverarbeitung oder verbesserte Möglichkeiten zur Datenportabilität umfassen.
   - Unternehmen müssen sicherstellen, dass ihre Systeme und Prozesse in der Lage sind, diese erweiterten Rechte effizient zu handhaben und entsprechende Anfragen schnell zu bearbeiten.

Neue Datenschutzgesetze in den USA

Während die USA bisher keinen einheitlichen nationalen Datenschutzstandard haben, gibt es zunehmend Bemühungen auf Bundesebene, umfassende Datenschutzgesetze zu verabschieden:

1. **Federal Data Privacy Law**:

   - Ein bundesweites Datenschutzgesetz könnte eingeführt werden, das grundlegende Datenschutzrechte für alle US-Bürger festlegt. Dieses Gesetz könnte Elemente der DSGVO und des California Consumer Privacy Act (CCPA) integrieren.
   - Unternehmen, die in den USA tätig sind, müssten ihre Datenschutzstrategien anpassen, um diesen neuen bundesweiten Anforderungen gerecht zu werden.

2. **Erweiterung bestehender staatlicher Gesetze**:

   - Es ist zu erwarten, dass weitere Bundesstaaten eigene Datenschutzgesetze einführen oder bestehende

Gesetze wie den CCPA erweitern. Diese Gesetze könnten spezifische Anforderungen an die Einwilligungserfassung und Datenverarbeitung stellen.

- Unternehmen müssen ihre Einwilligungsprozesse flexibel gestalten, um den unterschiedlichen Anforderungen in den einzelnen Bundesstaaten gerecht zu werden.

Internationale Datenschutzgesetze

Auch außerhalb der EU und der USA entwickeln sich die Datenschutzgesetze weiter:

1. **Asien-Pazifik-Region**:

   - Länder wie Japan, Südkorea und Australien haben bereits strenge Datenschutzgesetze eingeführt, und es ist wahrscheinlich, dass weitere Länder in der Region nachziehen werden. Diese Gesetze könnten neue Anforderungen an die grenzüberschreitende Datenübertragung und die Einwilligungserfassung stellen.

   - Unternehmen müssen sicherstellen, dass ihre Datenschutzpraktiken den Anforderungen dieser internationalen Gesetze entsprechen und flexibel genug sind, um auf neue Regelungen zu reagieren.

2. **Lateinamerika und Afrika**:

   - In Lateinamerika, insbesondere in Brasilien mit dem Lei Geral de Proteção de Dados (LGPD), und in Afrika, beispielsweise durch das südafrikanische Protection of Personal Information Act (POPIA), werden Daten-

- schutzgesetze zunehmend umfassender und strenger.
- Unternehmen, die in diesen Regionen tätig sind, müssen ihre Datenschutzstrategien anpassen, um die Compliance sicherzustellen und mögliche rechtliche Konsequenzen zu vermeiden.

Auswirkungen auf das Permission Marketing

Die rechtlichen Veränderungen und neuen Datenschutzgesetze haben direkte Auswirkungen auf das Permission Marketing:

1. **Erhöhung der Transparenz und Einwilligungspflichten**:

   - Unternehmen müssen sicherstellen, dass ihre Einwilligungsprozesse transparent und verständlich sind. Kunden müssen klar informiert werden, wie ihre Daten verwendet werden und welche Rechte sie haben.
   - Die Einholung von Einwilligungen wird detaillierter und erfordert oft ein Double-Opt-In-Verfahren, um sicherzustellen, dass die Einwilligungen rechtskonform und nachweisbar sind.

2. **Strengere Dokumentations- und Nachweispflichten**:

   - Unternehmen müssen detaillierte Aufzeichnungen über die Einwilligungen ihrer Kunden führen. Dies umfasst die Dokumentation der Einwilligungstexte, der Zeitpunkte der Einwilligungen und der Kommunikationskanäle, über die die Einwilligungen erteilt wurden.
   - Diese Nachweispflichten erfordern robuste Systeme und Prozesse, um sicherzustellen, dass alle relevan-

ten Informationen schnell und vollständig zur Verfügung stehen.

3. **Flexibilität und Anpassungsfähigkeit**:

- Angesichts der unterschiedlichen und sich ständig ändernden Datenschutzgesetze müssen Unternehmen flexible und anpassungsfähige Datenschutzstrategien entwickeln. Dies bedeutet, dass Systeme so gestaltet sein müssen, dass sie schnell auf neue rechtliche Anforderungen reagieren können.
- Unternehmen müssen ihre Mitarbeiter regelmäßig schulen und sensibilisieren, um sicherzustellen, dass alle Datenschutzvorschriften verstanden und eingehalten werden.

Zukunftsausblick

Die zukünftigen Entwicklungen im Bereich der Datenschutzgesetze werden das Permission Marketing weiterhin prägen. Unternehmen, die proaktiv handeln und sich auf diese Veränderungen einstellen, werden nicht nur Compliance sicherstellen, sondern auch das Vertrauen ihrer Kunden stärken und wettbewerbsfähig bleiben. Es ist entscheidend, technologische Innovationen wie KI und ML zu nutzen, um Datenschutzprozesse zu optimieren und die Einhaltung der Gesetze effizienter zu gestalten. Die fortlaufende Überprüfung und Anpassung der Datenschutzstrategien wird unerlässlich sein, um den Herausforderungen der sich wandelnden Datenschutzlandschaft gerecht zu werden.

Kapitel 8. Fazit und Ausblick

8.1 Zusammenfassung der Kernpunkte

Die Bedeutung der Einwilligung in der Marketingzukunft

Die Einwilligung der Kunden ist das Fundament für erfolgreiches und rechtskonformes Marketing im digitalen Zeitalter. In einer Ära, in der der Datenschutz immer strenger reguliert wird und das Vertrauen der Kunden immer wichtiger wird, hat die Einwilligung eine zentrale Rolle eingenommen. Unternehmen, die diese Bedeutung erkennen und ihre Marketingstrategien entsprechend anpassen, werden langfristig erfolgreich sein.

Rechtskonformität und Vertrauen

Die Datenschutzgrundverordnung (DSGVO) in Europa, der California Consumer Privacy Act (CCPA) in den USA und ähnliche Gesetze weltweit haben die Anforderungen an die Einwilligungserfassung und -verwaltung deutlich verschärft. Unternehmen sind verpflichtet, klare und transparente Einwilligungen von ihren Kunden einzuholen, bevor sie personenbezogene Daten für Marketingzwecke nutzen. Dies bedeutet, dass Unternehmen ihre Prozesse zur Einholung und Dokumentation von Einwilligungen kontinuierlich überprüfen und optimieren müssen, um den gesetzlichen Anforderungen gerecht zu werden.

Darüber hinaus ist die Einwilligung ein wichtiger Vertrauensfaktor. Kunden möchten wissen, dass ihre Daten sicher und verantwortungsvoll behandelt werden. Transparente Einwilligungsprozesse, die den Kunden klar vermitteln, wie ihre Daten genutzt werden, stärken das Vertrauen und fördern die Kundenbindung. Unternehmen, die das Vertrauen ihrer Kunden gewinnen, profitieren von höherer Kundenloyalität und positiven Mundpropaganda.

Personalisierung und Relevanz

In der Marketingzukunft wird die Personalisierung eine immer wichtigere Rolle spielen. Kunden erwarten maßgeschneiderte Inhalte und Angebote, die auf ihre individuellen Bedürfnisse und Interessen abgestimmt sind. Die Einwilligung der Kunden ist hierbei der Schlüssel, um personenbezogene Daten rechtmäßig zu nutzen und personalisierte Marketingkampagnen zu erstellen.

Mit der Zustimmung der Kunden können Unternehmen detaillierte Kundenprofile erstellen und ihre Marketingmaßnahmen gezielt ausrichten. Dies erhöht nicht nur die Relevanz der Kampagnen, sondern auch deren Effektivität. Personalisierte Marketingbotschaften führen zu höheren Konversionsraten, einer besseren Kundenbindung und letztlich zu einem höheren Return on Investment (ROI).

Technologische Unterstützung

Die Implementierung von technologischen Lösungen wie TOLERANT Marketing Permission Management (MPM) ist entscheidend, um die Einwilligungsprozesse effizient und rechtskonform zu gestalten. Automatisierte Systeme zur Verwaltung von Einwilligungen, die Nutzung von Künstlicher Intelligenz (KI) und maschinellem Lernen (ML) zur Datenanalyse und die Integration dieser Systeme in bestehende IT-Infrastrukturen ermöglichen es Unternehmen, ihre Einwilligungsmanagementprozesse zu optimieren.

Durch den Einsatz solcher Technologien können Unternehmen sicherstellen, dass sie jederzeit auf dem neuesten Stand der Datenschutzbestimmungen sind und ihre Einwilligungsdaten korrekt und vollständig dokumentieren. Dies reduziert das Risiko von Datenschutzverstößen und den damit verbundenen rechtlichen und finanziellen Konsequenzen erheblich.

Flexibilität und Anpassungsfähigkeit

Die Datenschutzlandschaft ist dynamisch und unterliegt ständigen Veränderungen. Unternehmen müssen flexibel und anpassungsfähig sein, um auf neue gesetzliche Anforderungen und regulatorische Änderungen reagieren zu können. Dies erfordert eine kontinuierliche Überprüfung und Anpassung der Einwilligungsprozesse sowie regelmäßige Schulungen und Sensibilisierungsmaßnahmen für Mitarbeiter.

Unternehmen, die eine flexible und anpassungsfähige Datenschutzstrategie verfolgen, sind besser gerüstet, um den Herausforderungen der Zukunft zu begegnen und ihre Wettbewerbsfähigkeit zu erhalten. Sie können schnell auf neue Anforderungen reagieren und ihre Marketingstrategien entsprechend anpassen, um weiterhin erfolgreich zu sein.

Zukunftsausblick

In der Marketingzukunft wird die Bedeutung der Einwilligung weiter zunehmen. Unternehmen müssen proaktiv handeln und ihre Datenschutzstrategien kontinuierlich weiterentwickeln, um den wachsenden Anforderungen gerecht zu werden. Die Einwilligung wird nicht nur ein rechtliches Erfordernis bleiben, sondern auch ein zentraler Faktor für den Erfolg im digitalen Marketing.

Durch die Kombination von technologischen Innovationen, transparenten Prozessen und einem klaren Fokus auf den Datenschutz können Unternehmen das Vertrauen ihrer Kunden gewinnen und ihre Marketingeffizienz steigern. Die Einwilligung der Kunden ist der Schlüssel zu nachhaltigem und erfolgreichen Marketing in der Zukunft. Unternehmen, die diese Bedeutung erkennen und entsprechend handeln, werden langfristig profitieren und sich in einem zunehmend wettbewerbsintensiven Marktumfeld behaupten können.

8.2 Strategische Empfehlungen für Marketingfachleute

Anleitungen für eine nachhaltige Umsetzung

Die Einwilligung der Kunden ist nicht nur ein rechtliches Muss, sondern auch eine Chance, die Beziehung zu den Kunden zu stärken und Marketingaktivitäten effektiver zu gestalten. Hier sind einige strategische Empfehlungen für Marketingfachleute, um die Einwilligung nachhaltig und erfolgreich in ihren Prozessen zu integrieren.

1. Transparenz schaffen

Transparenz ist das A und O für eine erfolgreiche Einwilligungspraxis. Kunden müssen genau wissen, wie ihre Daten verwendet werden und welche Rechte sie haben. Dies stärkt das Vertrauen und die Bereitschaft, ihre Einwilligung zu geben.

- **Klarheit in der Kommunikation**: Verwenden Sie einfache und verständliche Sprache in Ihren Einwilligungserklärungen. Vermeiden Sie juristische Fachbegriffe und erklären Sie klar, wofür die Daten verwendet werden.
- **Einfacher Zugang zu Informationen**: Stellen Sie sicher, dass Kunden jederzeit leicht auf Ihre Datenschutzerklärung

zugreifen können. Diese sollte umfassend und transparent alle relevanten Informationen enthalten.

- **Regelmäßige Updates**: Informieren Sie Ihre Kunden regelmäßig über Änderungen in der Datenverarbeitung oder der Datenschutzerklärung. Dies zeigt, dass Sie sich um den Schutz ihrer Daten kümmern.

2. Einwilligungsprozesse optimieren

Einwilligungsprozesse sollten so gestaltet sein, dass sie sowohl den rechtlichen Anforderungen als auch den Erwartungen der Kunden entsprechen. Automatisierung und Technologie können dabei helfen, diese Prozesse effizient und rechtskonform zu gestalten.

- **Automatisierung nutzen**: Setzen Sie auf automatisierte Systeme wie TOLERANT MPM, um Einwilligungen effizient zu erfassen und zu verwalten. Automatisierung reduziert Fehler und erhöht die Effizienz.
- **Double-Opt-In-Verfahren implementieren**: Nutzen Sie das Double-Opt-In-Verfahren, um die Authentizität der Einwilligungen zu gewährleisten. Dies ist besonders wichtig, um rechtliche Anforderungen zu erfüllen und die Gültigkeit der Einwilligungen sicherzustellen.
- **Benutzerfreundlichkeit sicherstellen**: Gestalten Sie die Einwilligungsprozesse so einfach und intuitiv wie möglich. Der Prozess sollte schnell und ohne Hindernisse durchlaufen werden können.

3. Einwilligungen aktiv verwalten

Die Verwaltung von Einwilligungen ist ein fortlaufender Prozess. Kunden müssen die Möglichkeit haben, ihre Einwilligungen einfach zu verwalten und zu widerrufen.

- **Einfache Widerrufsmöglichkeiten**: Stellen Sie sicher, dass Kunden ihre Einwilligung genauso einfach widerrufen können, wie sie sie erteilt haben. Dies sollte über verschiedene Kanäle möglich sein, z. B. über die Website, E-Mail oder Apps.
- **Regelmäßige Überprüfung der Einwilligungen**: Überprüfen Sie regelmäßig, ob die eingeholten Einwilligungen noch aktuell und gültig sind. Aktualisieren Sie die Einwilligungen, wenn sich die Verwendungszwecke ändern.
- **Dokumentation und Nachweisbarkeit**: Halten Sie detaillierte Aufzeichnungen über alle Einwilligungen und deren Widerrufe. Dies ist wichtig, um im Falle von Prüfungen durch Datenschutzbehörden nachweisen zu können, dass die Einwilligungen rechtskonform eingeholt wurden.

4. Datenschutz als Wettbewerbsvorteil nutzen

Datenschutz und Einwilligung können zu einem echten Wettbewerbsvorteil werden, wenn sie richtig umgesetzt werden. Zeigen Sie Ihren Kunden, dass Sie den Schutz ihrer Daten ernst nehmen.

- **Datenschutz als Teil der Markenstrategie**: Integrieren Sie Datenschutz und Einwilligung in Ihre Markenstrategie. Kommunizieren Sie aktiv, dass Sie großen Wert auf den Schutz der Kundendaten legen.
- **Vertrauen aufbauen**: Nutzen Sie Ihre Datenschutzmaßnahmen, um Vertrauen bei Ihren Kunden aufzubauen. Transparenz und der verantwortungsvolle Umgang mit Daten sind zentrale Aspekte, die Ihre Kunden zu schätzen wissen.
- **Feedback einholen**: Fragen Sie Ihre Kunden regelmäßig nach Feedback zu Ihren Datenschutz- und Einwilligungspro-

zessen. Nutzen Sie dieses Feedback, um Ihre Prozesse kontinuierlich zu verbessern.

5. Schulung und Sensibilisierung der Mitarbeiter

Eine nachhaltige Umsetzung der Einwilligungspraxis erfordert,
dass alle Mitarbeiter im Unternehmen die Bedeutung des Datenschutzes verstehen und entsprechende Maßnahmen umsetzen.

- **Regelmäßige Schulungen**: Bieten Sie regelmäßige Schulungen zum Thema Datenschutz und Einwilligung an. Dies sollte nicht nur für das Marketingteam, sondern für alle Mitarbeiter relevant sein.
- **Best Practices teilen**: Teilen Sie Best Practices und erfolgreiche Beispiele aus der Branche, um das Bewusstsein und
  das Verständnis für Datenschutz zu fördern.
- **Verantwortlichkeiten klar definieren**: Definieren Sie klare
  Verantwortlichkeiten und Zuständigkeiten für den Datenschutz und die Einwilligungsverwaltung. Jeder im Unternehmen sollte wissen, was von ihm erwartet wird.

6. Technologische Innovationen nutzen

Nutzen Sie technologische Innovationen wie KI und maschinelles
Lernen, um Ihre Datenschutz- und Einwilligungsprozesse weiter zu
optimieren.

- **KI für Datenanalyse und Vorhersage**: Verwenden Sie KI,
  um Kundenverhalten zu analysieren und vorherzusagen.
  Dies kann Ihnen helfen, gezieltere und relevantere Marketingkampagnen zu erstellen.
- **Automatisierte Risikobewertung**: Implementieren Sie Systeme, die automatisch Risiken im Zusammenhang mit der

Datenverarbeitung erkennen und Maßnahmen zur Risikominimierung vorschlagen.

- **Fortschrittliche Sicherheitsmaßnahmen**: Nutzen Sie fortschrittliche Sicherheitsmaßnahmen wie Verschlüsselung und Zugriffskontrollen, um die Daten Ihrer Kunden zu schützen und Compliance zu gewährleisten.

Durch die Umsetzung dieser strategischen Empfehlungen können Marketingfachleute sicherstellen, dass sie nicht nur die gesetzlichen Anforderungen erfüllen, sondern auch das Vertrauen ihrer Kunden stärken und ihre Marketingeffizienz steigern. Eine nachhaltige Einwilligungspraxis ist der Schlüssel zu langfristigem Erfolg im digitalen Marketing.

9 783384 232526